I0887527

RESCATE

DEAN H. HARVEY

RESCATE

EL ALTO PRECIO DEL PECADO

EDITORIAL JUCUM

Editorial JUCUM forma parte de Juventud con una Misión, una organización de carácter internacional.

Si desea recibir gratuitamente un catálogo de libros y materiales comuníquese con:
Editorial JUCUM
P.O. Box 1138, Tyler, TX 75710-1138 U.S.A.
Teléfono: (903) 882-4725
www.editorialjucum.com

Rescate: El alto precio del pecado

Traducciión: Antonio Pérez
Edición: Miguel Peñaloza

Publicado originalmente en inglés con el titulo de
Ransom: The High Cost of Sin

Publicado por Xulon Press

Primera edición 2013

ISBN 978-1-57658-739-3

Impreso en los Estados Unidos

Dedico este libro a Shirley, mi esposa de 58 años, ejemplo maravilloso de persona rescatada del pecado, y a nuestros dos hijos supervivientes, que son de gran bendición para nosotros:

Larry H. Harvey, y

Karen R. Cichorz

Índice

Prefacio

Dean Harvey ha escrito un libro muy importante. Lo es por dos razones: la primera, porque nos proporciona una sólida base bíblica para entender el precio del pecado y la forma de recibir perdón; la segunda, nos permite indagar el corazón de Dios y conocerle como Señor y Salvador amoroso y perdonador.

Dean es el hombre perfecto para escribir este libro. Le he conocido por más de 35 años y soy testigo de su carácter. Al leer este libro notará dos virtudes personales que brillan en sus páginas.

La primera es su devoción por la verdad bíblica y su deseo de cimentar todo lo que afirma en la Escritura. Noté esa virtud cuando me incorporé a su Iglesia en los años setenta. Como creyente joven de aquella, yo necesitaba un modelo de fidelidad a la Escritura. Dean Harvey suplió ese vacío. Su amor por la Palabra de Dios me inspiró a leer, estudiar y memorizar todo lo que podía. Notará esa devoción en este volumen.

La segunda virtud es su capacidad para entender el corazón del Padre. Cuando se acerque al final del libro, se topará con una tragedia personal que asoló a toda su familia. Yo fui testigo de esa desolación. No obstante, Dios la usó para revelarse a Dean de una manera que pocos experimentan. Puedo decir honestamente que aprendí tanto de Dios a través de Dean a consecuencia de su respuesta a esa tragedia como de sus enseñanzas bíblicas.

En los años que median desde aquel trágico suceso, Dean ha predicado un mensaje titulado «El corazón quebrantado de Dios» que ha transformado la vida de muchos que lo han oído. Si usted no ha tenido la bendición de oír lo que Dios le ha enseñado, tiene ahora esa oportunidad.

Me entusiasma que Dean haya decidido poner todo ello por escrito. Es fruto de años de trabajo en la viña del Señor. Pero sé que él diría que todos esos años han supuesto una obra de amor. ¿Cómo podría ser de otra manera? Al fin y al cabo, fluyó de la visión de un Dios que llora por el pecado, una aflicción que, bien entendida, nos conduce directamente al corazón del Padre. Y cuando vemos el corazón del Padre, comprendemos que late con un amor perfecto.

Deseo que usted experimente ese amor perfecto mientras lee estas páginas, y al concluir su lectura, se sienta inspirado para vivir en ese amor.

Dr. K. Alan Snyder, profesor de historia y presidente del departamento de estudios históricos, legales y de liderazgo en la Universidad Southeastern, Lakeland, Florida.

Agradecimientos

Esta obra es fruto de más de cincuenta años de experiencia cristiana. Es imposible para mí mencionar a todas las personas que han influido en mi vida y me han conducido a entender lo que encierra este libro.

En primer lugar, hubo cuatro hombres, cuyos nombres ni siquiera recuerdo, que me testificaron cuando yo era joven y estaba alistado en la Marina, y aunque no recibiera a Cristo inmediatamente, ellos me ayudaron a acercarme a él.

En segundo lugar, hubo una joven de dieciséis años, cuyo nombre no recuerdo, que escuchó la conversación que mi esposa y yo sostuvimos en un autobús, tratando de decidir cuándo íbamos a empezar a asistir a la iglesia, y quien, muerta de miedo, se volvió hacia nosotros y nos invitó a visitar su iglesia, en la que, tres semanas después, fuimos estrepitosamente salvos. Si ella todavía vive, aquella joven ya tendrá más de setenta años, y no puede imaginarse cuántas vidas ha influido para Cristo a través de su testimonio temeroso y sencillo.

En años posteriores muchas personas fueron maestros y ejemplos para mí, pero la mayor influencia en mi vida se la debo a Gordon C. Olson, que ha sido el cristiano más maduro, piadoso y humilde que he conocido. Aunque él falleció en 1989, sigue influyendo en mí, así como en muchísimas otras personas.

Junto con mi ministerio pastoral, he enseñado en Juventud con una Misión desde 1974, y muchos de mis amigos y estudiantes me solían preguntar por qué no escribía un libro que recogiera las cosas que enseñaba.

Y debo dar las gracias a mi esposa por ser una fuente constante de apoyo y estímulo.

Además, hay varios hombres piadosos, entre ellos Alan Snyder, Dave Coke y Jed Smock, que me ofrecieron sugerencias para ayudarme a escribir este libro.

Pero sobre todo, quiero darte las gracias a ti, Señor Jesús. Me encontraste cuando era joven, me has mostrado constante gracia y misericordia, y me has conducido paso a paso a entender lo que expresa este libro. Te pido que lo uses para producir el mismo resultado en muchas vidas.

Introducción

La divina Trinidad había vivido en amor y armonía por la eternidad antes de crear al hombre. Yo creo que la evidencia bíblica que justifica la creación del hombre indica que Dios deseaba multiplicar su amor y su carácter en los hombres y mujeres que él creó. Esto es evidente porque su propósito es que los que somos salvos nos conformemos a la imagen del Señor Jesucristo (Romanos 8:29). Puesto que este es su propósito ahora, después de proveer la salvación para todos nosotros, es lógico que también lo fuera cuando creó al hombre a su propia imagen.

También es evidente que la entrada del pecado en el mundo frustró el propósito divino de multiplicar su amor y su carácter en los hombres que había creado a su imagen. El pecado desvió hacia sí mismos la atención que Adán y Eva antes dedicaban a Dios. Desarrollaron un carácter opuesto al carácter divino, y su amor se volcó hacia sí mismos en vez de hacia Dios y los demás, como él desea (Mt 22:36-40).

¿Cómo podemos calcular el alto precio que tuvieron que pagar Adán y Eva después del primer pecado relatado en Génesis 3? Sus conciencias ya no estaban limpias, su comunión con Dios quedó interrumpida, su hermoso jardín se ensució de sangre, ya que Dios les vistió con pieles de animales. Fueron expulsados del jardín del Edén y alejados del árbol de la vida. Adán tuvo que trabajar mucho más duramente para suplir las necesidades de su familia que antes de pecar. El dolor de Eva en el parto aumentó en gran manera y Adán dominó sobre ella tal vez desmedidamente, no según el plan original de Dios. Quizás, el más alto precio a la larga fue que la muerte física pasó a ser una realidad no sólo para Adán y Eva, sino para toda su progenie, de la que formamos parte todos nosotros.

Además, ello significó un precio mucho más alto para Dios que para Adán y Eva, ya que su propósito quedó frustrado muy pronto después de la creación del hombre y la mujer a su imagen.

Génesis 5 proporciona la cronología desde la creación hasta el diluvio, 1656 años. Cien años antes Dios mandó a Noé construir un arca para preservar la vida humana del diluvio universal que iba a traer juicio sobre el mundo. Considere el alto precio del pecado en aquel tiempo, cien años antes del diluvio.

> *Y vio Jehová que la maldad de los hombres era mucha en la tierra, y que todo designio de los pensamientos del corazón de ellos era de continuo solamente el mal. Y se arrepintió Jehová de haber hecho hombre en la tierra, y le dolió en su corazón. Y dijo Jehová: Raeré de sobre la faz de la tierra a los hombres que he creado, desde el hombre hasta la bestia, y hasta el reptil y las aves del cielo; pues me arrepiento de haberlos hecho* (Gn 6:5-7, RV60).

¡Imagínese en qué medida se opuso esto a la intención que Dios se propuso al crear al hombre! él se propuso originalmente multiplicar su amor y su carácter en el universo, y resultó justamente lo contrario. ¿Qué precio se puede asignar a este estado de cosas?

Además, Dios se entristeció por el curso que tomaron los acontecimientos, tanto que se arrepintió de haber creado al hombre y decidió volver a empezar con la única familia justa que quedaba sobre la tierra. ¿Qué precio se puede asignar a la pena divina? Yo creo que este es el mayor coste del pecado: pena y quebranto al corazón de Dios. ¿Qué clase de precio puede evaluar el hecho de que el Dios eterno se arrepintiera de haber creado al hombre?

CAPÍTULO I

El alto precio del pecado para Dios

Génesis 6:5 declara: *«Y vio Jehová que la maldad de los hombres era mucha en la tierra, y que todo designio de los pensamientos del corazón de ellos era de continuo solamente el mal»*. Con una excepción, Noé y su familia.

> *Pero Noé halló gracia ante los ojos de Jehová. Estas son las generaciones de Noé: Noé varón justo, era perfecto en sus generaciones; con Dios caminó Noé* (Gn 6:8-9).

Aquí tenemos una increíble declaración; afirma que un hombre y su familia fueron fieles a Dios. Pensemos un momento en lo que esto significó.

Génesis 5 proporciona la cronología desde la creación hasta el diluvio. Esa cronología abarca un periodo total de 1656 años. Dado que Dios se apareció a Noé para ordenarle que construyera el arca cuando éste contaba con 500 años de edad (Gn 5:32), y dado que el diluvio realmente comenzó cuando Noé contaba con 600 (Gn 7:6), la palabra de Dios a Noé, en Gn 6:5-7, le fue dada 100 años antes del diluvio, o sea, 1556 años después de la creación.

Podemos, pues, asumir que la edad media de los hombres antes del diluvio era de 900 años. En nuestros días, la edad media de la maternidad es de 25-30 años, es decir, aproximadamente un tercio de su vida. Si recurrimos a la misma proporción para obtener la edad media de la maternidad en aquel periodo, ésta sería de unos 250-300 años, de modo que una mujer podía tener muchos hijos en ese tiempo. Sabemos también que la tierra fue un gran invernadero en el periodo pre-diluviano, y que Dios lo hizo así para que el hombre llenara la tierra (Gn 1:28), lo que significa que el clima del planeta permitía que el hombre se desplazara a cualquier lugar sin vestido y estuviera cómodo.

La cronología que despliega Génesis 5 presenta esta declaración recurrente acerca de las nueve primeras generaciones que se sucedieron desde Adán hasta el diluvio: «Y engendró hijos e hijas». De modo que aunque no sepamos cuál era la población de la tierra cien años antes del diluvio, pudo haber sido muy grande. Se han hecho muchas estimaciones, y aunque no hay manera de saberlo a ciencia cierta, yo creo que era muy numerosa.

También sabemos que el hombre, y supongo que los animales, sólo comían verduras antes del diluvio (Gn 1:30; 9:3). Por lo que la fauna debió crecer de forma exponencial. La única evidencia moderna que tenemos de la gran población humana y faunística sobre la tierra antes del diluvio es la cantidad de petróleo, tanto el que ya se ha extraído del subsuelo como el que aún queda debajo de él. Puesto que sabemos que el petróleo es «combustible fósil», sabemos que se formó de la descomposición de restos de seres vivos, tanto humanos como animales, que vivían en la tierra y que quedaron enterrados durante el diluvio, para ser posteriormente descubiertos en forma de «combustible fósil». La enorme cantidad de petróleo que ha sido descubierta, y probablemente, la que aún falta por descubrir, es un testimonio mudo del ingente volumen de vida que fue destruida en el diluvio.

Pero volvamos al hombre. Imagínese una enorme población sobre la tierra (estime usted mismo el total), y después de 1556 años, se dice de toda esa cantidad de gente, con una sola excepción, Noé y su familia, que «*la maldad de los hombres era mucha en la tierra, y que todo designio de los pensamientos del corazón de ellos era de continuo solamente el mal*» (Gn 6:5). Este estado es exactamente contrario a lo que Dios tenía en su corazón cuando creó al hombre a su propia imagen, con la intención de multiplicar su amor y su carácter por todo el mundo. ¿Puede siquiera imaginarse el alto precio del pecado aquí reflejado? Si miramos más allá de las palabras, no sólo discerniremos el alto precio del pecado para Dios, sino también para cada uno de sus preciosas criaturas, hombres y mujeres, creados a su imagen. Tenían por delante posibilidades ilimitadas si hubieran cumplido el propósito que Dios tenía para ellos, pero todo fue echado a perder, arrojado a una hueca e inacabable orgía de egoísmo que duraba las veinticuatro horas del día.

Génesis 6:6 presenta esta increíble declaración: «Se arrepintió Jehová de haber hecho hombre en la tierra, y le dolió en su corazón» (Gn 6:6 NVI). He aquí una breve definición de pena: «sufrimiento emocional proporcional a la intimidad y la pérdida». Según Génesis 6:6, esto fue lo que Dios sintió cuando contempló el estado de cosas descrito en el versículo anterior.

Por mi propia experiencia, yo no recuerdo ninguna pena, ninguna pena emocional verdadera hasta que tuve treinta y cinco años, con ocasión de la muerte de mi madre. Recuerdo claramente la emoción que me embargó durante el viaje de la iglesia al cementerio donde fue enterrada. Sentí tanta pena que casi no podía respirar. Ese recuerdo siempre inspira en mi memoria la imagen del gran Creador que observa la situación descrita en Génesis 6:5. No se puede imaginar precio más alto por el pecado.

Cuando yo tenía treinta años y servía en la Marina, volaba con frecuencia. No era piloto, pero sí navegante, operador de radar y operador de contramedidas electrónicas (ECM). El 10 de marzo de 1961, por la mañana temprano, nuestra tripulación de cuatro hombres despegó de la base aeronaval de San Diego, California. Salimos en un vuelo conjunto de dos aviones que participaban en unas maniobras militares, y teníamos programado un vuelo de seis horas sobre el océano Pacífico antes de regresar a San Diego. Nuestro aparato era un AD Skyraider, un avión de un solo motor radial. Yo era el instructor ECM, y viajaba sentado en el asiento trasero de la derecha, junto a un alumno que debía aprender ECM durante aquel vuelo.

Cuando alcanzamos una altitud de 1.200 metros, se produjo una avería en el motor. Éste pareció sufrir literalmente una explosión y se incendió. El piloto nos llamó por el interfono y nos comunicó que nos preparáramos para un «salto de emergencia». Así que desenganchamos la cubierta, lanzamos las cajitas de comida y las carpetas y esperamos. Tras unos instantes (pareció mucho tiempo, pero probablemente sólo transcurrió un minuto o menos), el piloto volvió a comunicar y dijo: «Si aún están conmigo, vamos a abandonar el avión» Después nos dijo que el motor casi se había calado mientras él intentaba cortar el suministro de combustible para apagar el incendio, y que cuando logró apagarlo, el avión estaba a muy poca altura como para poder abandonarlo con seguridad.

Recuerdo que en aquellos escasos minutos me llevé el susto más grande de mi vida. Fue como si el estómago se me hubiera subido a la garganta, y no me cupiera ninguna duda de que iba a morir. Yo era cristiano, y no tenía miedo del futuro porque sabía que en breves instantes estaría con el Señor. Pero temía el dolor de la muerte y posiblemente el ahogarme en el mar. Tenía miedo a lo desconocido; nunca me había hallado en semejante situación.

Caímos al agua a gran velocidad, y el motor se desprendió por el cortafuego, justo delante de la cabina, de manera que se formó como un embudo que inyectaba agua en el fuselaje. Admito que no esperaba sobrevivir al choque, de manera que cuando el aparato se detuvo, me sorprendí de estar ileso y de que los pies empezaran a mojarse. Miré en derredor y yo era el único tripulante que aún quedaba en el avión. Así que me desabroché el cinturón y me lancé al agua. Cuando me había alejado unos seis metros volví la cabeza y vi que el estabilizador vertical desaparecía bajo las olas.

Como unos veinte minutos después, fuimos rescatados por un helicóptero guardacostas y transportados a la base aeronaval de San Diego. Después de ser sometido a un chequeo médico, descubrieron que sólo tenía un rasguño en la mejilla. Consideré que aquello había sido un auténtico milagro. Les he contado este incidente para preparar el escenario de la próxima ilustración.

En septiembre de 1983 enseñé en la Escuela de la Biblia, en Tyler, Texas. Después de las clases matutinas, me dirigía al comedor, donde normalmente bullía la conversación y la camaradería, pero aquel día todo estaba muy tranquilo, nadie conversaba y todos parecían sumidos en un estado de ánimo sombrío. Detuve a la primera persona que vi y le pregunté qué pasaba. Me respondió que se habían enterado de que un avión de pasajeros surcoreano había sido abatido por un caza ruso, que se habían perdido muchas vidas e incluso la de un congresista estadounidense.[2] Por aquellos días temíamos que algún incidente internacional pudiera desencadenar una guerra entre los EEUU y Rusia, y ése era el motivo del decaimiento de ánimo en el comedor.

Aquella noche seguí las noticias por televisión, y todo el espacio se dedicó a cubrir aquel incidente. Durante la emisión, el operador enfocó su cámara en el vestíbulo del aeropuerto de Seúl, que era el destino del avión que sufriera la desgracia. La cámara se detuvo en la figura de una señora muy bajita, ayudada por dos jóvenes fornidos. Cuando la cámara se enfocó en la mujer, ella parecía tener al menos cien años, con profundas arrugas regadas de lágrimas. Mientras veía aquel espectáculo, sentí que Dios me decía en el corazón: «Dean, ¿qué ves?».

Respondí describiendo la escena que exhibía la pantalla del televisor. Después de eso, Dios me habló por segunda vez: «Dean, ¿qué ves?».

Me di cuenta que no estaba viendo lo que Dios intentaba que viera. Miré de nuevo, y respondí: «Veo una mujer quebrantada».

Entonces Dios me preguntó: «¿Cómo te sentiste al tener noticia de este incidente?».

Respondí: «Me enfadé, Señor. Pensé en las 269 personas que volaban en el avión, que el misil no les mató a todos cuando alcanzó el aparato y que sufrirían la misma especie de pánico que yo experimenté en mi accidente, ya que el avión fue descendiendo y ellos sabían que en escasos minutos todos iban a morir». Después me enteré que transcurrieron al menos doce minutos hasta que el avión desapareció del radar, de modo que los pasajeros aún vivos tuvieron al menos doce minutos de conciencia de acercarse rápidamente a la muerte. Me enfadé, comparé el temor de todos ellos con el que yo recordaba de mi propia experiencia.

Entonces el Señor me hizo otra pregunta: «¿Qué diferencia hay entre tú y esa mujer coreana que aparece en la pantalla del televisor?».

Por fin lo capté. «Yo no tenía a ningún ser querido en aquel avión». Pero alguien a quien ella amaba viajaba en él, y ella había ido al aeropuerto a esperar a tal persona, para descubrir que había quedado para siempre privada de ella. La pena es sufrimiento emocional proporcional a la intimidad y a la pérdida.

De manera que la diferencia entre mi ira ante las noticias y su corazón roto es que ella amaba a alguien que viajaba en el avión, y yo no. Volvamos ahora a Génesis 6:6:

> *Y se arrepintió Jehová de haber hecho hombre en la tierra, y le dolió en su corazón.*

Dios se entristeció, su corazón se quebrantó porque él amaba a las personas cuyos corazones eran «malvados y cuyos designios de sus pensamientos eran de continuo sólo el mal». ¡Qué precio tan increíble por el pecado para el gran Dios amoroso!

El Nuevo Testamento emplea una figura con la que estamos familiarizados: se compara a la Iglesia con una esposa. La existencia de una esposa implica que hay un esposo, y la revelación bíblica indica que es el Señor Jesús. En Apocalipsis 19:7-9 se hace referencia a un desposorio.

Gocémonos y alegrémonos y démosle gloria; porque han llegado las bodas del Cordero, y su esposa se ha preparado. Y a ella se le ha concedido que se vista de lino fino, limpio y resplandeciente; porque el lino fino son las acciones justas de los santos. Y el ángel me dijo: Escribe: Bienaventurados los que son llamados a la cena de las bodas del Cordero. Y me dijo: Estas son palabras verdaderas de Dios.

Y la futura esposa se identifica con la iglesia en Ef 5:25-27:

> *Maridos, amad a vuestras mujeres, así como Cristo amó a la iglesia, y se entregó a sí mismo por ella, para santificarla, habiéndola purificado en el lavamiento del agua por la palabra, a fin de presentársela a sí mismo, una iglesia gloriosa, que no tuviese mancha ni arruga ni cosa semejante, sino que fuese santa y sin mancha.*

¡Qué bella imagen se nos presenta! Yo he bendecido personalmente muchos casamientos, y es emocionante acompañar al novio y admirar a la novia, siempre hermosa, vestida de blanco, mientras es escoltada por el pasillo para encontrarse con su amado ante el altar. De manera que la imagen que nos presenta el Nuevo Testamento es que nosotros, los redimidos, la iglesia, estamos siendo preparados para tener un encuentro con nuestro esposo, el Señor Jesucristo, en las bodas que se anuncian en Apocalipsis 19:7-9.

Efesios 5:26-27 exhorta a los maridos a amar a sus esposas como Cristo amó a la iglesia. Por esto algunos creen que la iglesia es ya esposa del Señor Jesús, y no que la boda se vaya a celebrar en el futuro. De cualquier modo, la lección sigue vigente y es clara para nosotros.

El punto central del matrimonio es que un hombre y una mujer se unen para formar una familia, y compartir una relación sexual que normalmente fructifica y tiene hijos, lo que perpetúa la raza humana. Nunca he celebrado una boda, o asistido a ella, sin que el ministro preguntara a los novios algo así como: «¿promete ser fiel a él o a ella hasta que la muerte les separe?». Por supuesto, el significado de esta frase es que ambos prometen limitar su relación sexual a su compañero/a de matrimonio hasta la muerte de uno de los dos cónyuges.

Dios ha establecido que un hombre y una mujer tengan hijos, y estoy convencido de que este es uno de los privilegios más grandes que Dios ha concedido a los hombres y mujeres creados a su imagen. Él ha compartido su poder creador con nosotros, y ese poder ha de ser ejercido exclusivamente en la relación matrimonial. Yo creo que por causa de este gran privilegio divino, la intención de al menos una parte de la relación sexual es la procreación, la preservación de la raza humana, de modo que la inmoralidad sexual es el mayor escenario de pecado en la experiencia humana por cuanto viola el deseo expreso de Dios en la creación del hombre y la mujer. Considérese 1 Corintios 6:18:

> *Huid de la fornicación. Cualquier otro pecado que el hombre cometa, está fuera del cuerpo; mas el que fornica, contra su propio cuerpo peca.*

Así pues, yo creo que la inmoralidad sexual es el mayor escenario de pecado en la experiencia humana, porque abusa del mayor don que Dios ha compartido con la humanidad. Siempre ha sido, es y será así.

El Antiguo Testamento nos muestra una imagen según la cual, bajo el Antiguo Pacto, la boda ya ha tenido lugar, por lo tanto, Dios es el esposo, e Israel la esposa.

Con este trasfondo, Dios hizo un pacto con Israel en el monte Sinaí, donde se celebró, figuradamente, un enlace matrimonial entre él y la nación de Israel. Después, a lo largo de 800 años de su historia, descubrimos que Israel se apartó continuamente de su esposo —Dios— y se prostituyó con otros dioses. Esto es comparable al adulterio, aunque espiritual, no físico.[3] La esposa Israel fue infiel a Dios, su esposo.

Después de la secesión de las diez tribus en el año 930 a.C. (1 Reyes 12), esas diez tribus, bajo Jeroboam, establecieron una religión falsa, según se describe en 1 Reyes 12:26-33, cuya principal abominación fue que se hicieron dos becerros, se instalaron en Dan y Betel y dijeron: «*Bastante habéis subido a Jerusalén; he aquí tus dioses, oh Israel, los cuales te hicieron subir de la tierra de Egipto*» (1 Re 12:28). Poco más de 300 años después, Dios declaró por boca de Jeremías que él se había divorciado de Israel (el reino del norte compuesto de diez tribus) por causa de su adulterio (idolatría):

«Ella vio que por haber fornicado la rebelde Israel, *yo la había despedido y dado carta de repudio*; pero no tuvo temor la rebelde Judá su hermana, sino que también fue ella y fornicó» (Jer 3:8).

El divorcio se había producido realmente durante el ministerio profético de Oseas, aproximadamente en el año 730 a.C., y el certificado de divorcio se expidió en nombre del tercer hijo de Oseas: «Entonces el Señor le dijo a Oseas: Ponle por nombre: "*Lo-ammi*" *(literalmente no pueblo mío)*, porque vosotros no sois mi pueblo, ni yo seré vuestro Dios» (Os 1:9).

Después de la destrucción de la nación de Israel, en el 722 a.C. por los asirios, Judá, el reino del sur, compuesto de las dos tribus restantes, Judá y Benjamín, siguieron el patrón de apartarse de Dios, y luego arrepentirse y volver a Dios en periodos de avivamiento nacional. Por último, Dios se cansó. Resolvió juzgar a la nación por su pecado. Él no quería derramar juicio, y siguió llamando al pueblo por medio de los profetas, en primer lugar Jeremías, a arrepentirse y volverse hacia él, y si ellos hubieran oído su llamada al arrepentimiento y la transformación, no habrían atraído juicio sobre sí. He aquí un ejemplo de los ruegos a Judá:

> *En el principio del reinado de Joacim hijo de Josías, rey de Judá (aproximadamente en el 608 a.C.), vino esta palabra de Jehová, diciendo: Así ha dicho Jehová: Ponte en el atrio de la casa de Jehová, y habla a todas las ciudades de Judá, que vienen para adorar en la casa de Jehová, todas las palabras que yo te mandé hablarles; no retengas palabra. Quizá oigan, y se vuelvan cada uno de su mal camino, y me arrepentiré yo del mal que pienso hacerles por la maldad de sus obras* (Jer 26:1-3).

Históricamente, sabemos que el juicio que Dios planeaba era la destrucción de Jerusalén y del Templo por los babilonios, lo cual aconteció en el 586/7 a.C. El pueblo no escuchó la palabra de Dios por boca de Jeremías, y como unos siete años antes del juicio, Dios habló a la nación, en Ezequiel 6:8-9:

«Mas dejaré un resto, de modo que tengáis entre las naciones algunos que escapen de la espada, cuando seáis esparcidos por las tierras. Y los que de vosotros escaparen se acordarán de mí entre las naciones en las cuales serán cautivos; *porque yo me quebranté a causa de su corazón fornicario que se apartó de mí*, y a causa de sus ojos que fornicaron tras sus ídolos; y se avergonzarán de sí mismos, a causa de los males que hicieron en todas sus abominaciones».

Dios asegura que después que llegue el juicio y sean extranjeros en una tierra extraña, recordarán que su adulterio (idolatría) ha entristecido, quebrantado o herido su corazón. Esto es así porque su relación se asemejaba a la de un matrimonio; la habían violado, y aunque fuera demasiado tarde, llegarían a entender lo que habían hecho.

Con el tiempo, como pastor, he sido consejero de varias relaciones matrimoniales que cayeron en adulterio. Siempre fue doloroso, pero una en particular destaca en mi recuerdo.

A mediados de los años setenta, yo disponía de un programa de radio de quince minutos diarios. Lo aprovechaba para enseñar consecutivamente en periodos de una o dos semanas sobre distintos temas. Un día, como consecuencia de un mensaje relacionado con el matrimonio y el divorcio, una joven vino a visitarme en mi despacho. Era una madre joven y atractiva, y si no me traiciona la memoria, tenía 26 años. Me mostró una foto de su marido y sus dos hijos pequeños, una familia típica estadounidense. Me contó que eran cristianos, que habían asistido a una iglesia cristiana, se habían casado muy jóvenes y sido bastante felices. Pero justo una semana antes su marido le había informado que quería el divorcio. Le explicó que había mantenido una relación sexual con una mujer con quien trabajaba y quería el divorcio para poder casarse con ella.

La mujer no dejó de llorar mientras me contaba su caso y obviamente estaba muy turbada. Concluyó su relato con esta pregunta: «Pastor, ¿Puede hablar con mi marido?» Le respondí que estaba dispuesto a hablar con él si él aceptaba hablar conmigo.

Una semana después, ella le trajo a mi despacho. Mi secretaria les acompañó y él franqueó la puerta en primer lugar. Me acerqué a la puerta y le extendí la mano, pero él hizo caso omiso. No me miró; se sentó en el sofá situado frente a mi escritorio. Luego entro ella y se sentó a su lado.

Después que todos nos hubimos sentado, oré y pedí a su marido que, por favor, me explicara el caso.

Él no respondió, se limitó a permanecer sentado, mirando hacia el suelo. Cuando su esposa se dio cuenta de que él no iba a responder a mi petición, comenzó a contarme la misma historia que me había contado una semana antes. Apenas había articulado unas pocas palabras y rompió a llorar. Se detuvo, se enjugó las lágrimas con un pañuelo, se armó de valor y volvió a contar su caso para después de unas cuantas palabras volver a llorar. Pero en esta ocasión no se detuvo. Sus lágrimas fueron aumentando en intensidad, se fue inclinando y su cuerpo empezó a temblar mientras sollozaba incontroladamente. Yo había mirado el reloj cuando ella comenzó su relato y transcurrieron unos veinte minutos hasta que dejó de sollozar y pudo terminar su historia. Durante todo ese tiempo su marido estuvo sentado a su lado, con la mirada baja, con expresión impasible, sin mostrar ninguna emoción. Después pensé: «Así somos nosotros, cuando pecamos, y mostramos indiferencia ante cómo afecta a Dios y a otros. Después de unos diez minutos de estar allí sentados mientras ella sollozaba Dios me habló al corazón.

—Dean, ¿qué ves?

—Señor, veo a una mujer afligida víctima del adulterio.

Nunca he olvidado aquel incidente, y cada vez que leo este pasaje en Ezequiel 6:9 acerca del corazón quebrantado de Dios a causa del adulterio de su pueblo, veo en mi imaginación, al Dios eterno, sentado en su trono, sollozando por su pueblo que le ha sido infiel. La pena es un sufrimiento emocional proporcional a la intimidad y la pérdida. La aflicción de Dios es en proporción infinitamente mayor que la nuestra, ya que él es mucho más grande que nosotros. Yo creo que el precio más alto, y el coste principal del pecado, es para Dios —él sufre con un corazón quebrantado a causa de la infidelidad de los que fuimos creados para multiplicar su amor y su carácter en la tierra.

CAPÍTULO 2

Jesucristo, la imagen de Dios

Cuando Dios entregó a los israelitas sus Diez Mandamientos, les prohibió hacerse una imagen, e inclinarse a adorarla (Ex 20:4-6). No debían hacerse imagen y luego decir: «Dios tiene tal aspecto». ¿Por qué? Porque Dios es el Creador de todas las cosas, y el Creador es obviamente más grande que su creación. Decir o implicar que «Dios se asemeja a cierta imagen o representación» es, en realidad, empequeñecer a Dios. El hecho es que nada pudo representar adecuadamente a Dios hasta que vino Jesús.

Jesús es Dios hecho carne. Dios en forma visible para que podamos mejor entenderle. Pablo hace esta increíble declaración en Colosenses 1:15:

> *Él es la imagen del Dios invisible, el primogénito de toda creación.*

La misma revelación nos hace Hebreos 1:3:

> *El cual, [Jesús] siendo el resplandor de su gloria, y la imagen misma de su sustancia…*

Puesto que Jesús es la imagen del Dios invisible, podemos mirar al Jesús visible y descubrir cómo es Dios, especialmente en lo que toca a su carácter y actitudes morales. Por esta razón recomiendo a todos los cristianos nuevos que asuman como primera tarea la lectura de los cuatro Evangelios, tal vez varias veces, porque lo más importante que podemos hacer es descubrir quién es Jesús, y qué aspecto tiene. Si hacemos esto, descubriremos cómo es el Dios uno y trino. Es interesante que el primer propósito de los doce discípulos llamados a ser apóstoles fue que «estuviesen con él» (Marcos 3:14). Si ellos iban a representar a Jesús en este mundo, lo esencial era que realmente le entendieran.

Cuando me hice cristiano a los 21 años, sólo había asistido a una iglesia protestante ocasionalmente, de joven, y sólo había leído los primeros once capítulos de la Biblia antes de desanimarme y tirar la toalla. Fui salvo a raíz de un sermón matutino dominical que me presentó el sacrificio de Cristo de forma muy real, pero cuando me puse de rodillas, me di cuenta de que no conocía mucho acerca de Dios, o de Jesús, y entendí que tenía que conocer a esta Persona que había muerto para que yo pudiera ser perdonado, de modo que comencé a leer la Biblia. Mi esposa —llevábamos a la sazón seis meses casados— asegura que ella era una «viuda de la Biblia», por unos dos años después de ser salvos, porque casi cada minuto que yo tenía libre leía la Biblia. Y mi vida cambió. Mis falsas asunciones fueron sustituidas por conceptos bíblicos. Pero sobre todo, me familiaricé con Jesús. Volviendo la vista atrás, me doy cuenta de que mi carácter moral comenzó a imitar el suyo. Por eso recomiendo a todos los nuevos cristianos que empiecen a leer los cuatro Evangelios cuantas veces sean necesarias para familiarizarse con Jesús.

Uno de los capítulos más maravillosos del Antiguo Testamento es Isaías 53, a veces llamado «el Evangelio del Antiguo Testamento». Fue escrito unos 700 años antes del nacimiento de Jesús, y contiene una descripción profética de su vida y ministerio. Quisiera llamar su atención a un solo versículo de este capítulo, Isaías 53:3:

> *«Despreciado y desechado entre los hombres, varón de dolores, experimentado en quebranto; y como que escondimos de él el rostro; fue menospreciado, y no lo estimamos».*

Si comparamos Colosenses 1:15 con Isaías 53:3, podemos establecer algunas comparaciones:

> Jesús, la imagen del Dios invisible, fue menospreciado y rechazado por los hombres, revelando así al Dios que es desestimado y rechazado por los hombres.

Jesús, la imagen del Dios invisible, fue un Varón de dolores, revelando así a un Dios de dolores.

Jesús, la imagen del Dios invisible, estaba acostumbrado a la aflicción, revelando así al Dios que está acostumbrado a sufrir.

Jesús, la imagen del Dios invisible, fue una persona de quien apartamos nuestros rostros, revelando así al Dios de quien apartamos nuestros rostros.

Jesús, la imagen del Dios invisible, fue un Varón a quien no estimamos, revelando así al Dios que no estimamos.

Por lo tanto, Jesús no sólo nos mostró el corazón de Dios, su amor por su pueblo y su atención diaria a sus necesidades; nos mostró además el corazón de Dios y el rechazo que sufrió durante al menos la segunda mitad de su ministerio. Tardé varios años en darme cuenta que había mucha gente, en el tiempo en que Jesús vivió en la tierra, que realmente le odiaba, y hacían todo lo que podían por difamarle, como también su misión, antes de conseguir matarle. Incluso hoy me sorprendo que haya gente que juzgue realmente sus buenas obras como atribuibles a Satanás y, en realidad, quisieran matarle.

Pero los fariseos decían: Por el príncipe de los demonios echa fuera los demonios (Mt 9:34).

Pero algunos de ellos decían: Por Belzebú, príncipe de los demonios, echa fuera los demonios (Lc 11:15).

Al oír esto estas cosas, todos en la sinagoga se llenaron de ira; y levantándose, le echaron fuera de la ciudad, y le llevaron hasta la cumbre del monte sobre el cual estaba edificada la ciudad de ellos, para despeñarle. Mas él pasó por en medio de ellos y se fue (Lc 4:28-30).

Entonces los judíos volvieron a tomar piedras para apedrearle (Juan 10:31).

Le dijeron los discípulos: Rabí, ahora procuraban los judíos apedrearte, ¿y otra vez vas allá? (Jn 11:8).

Entonces los principales sacerdotes y los fariseos reunieron el concilio, y dijeron: ¿Qué haremos? Porque este hombre hace muchas señales. Si le dejamos así, todos creerán en él; y vendrán los romanos, y destruirán

> *nuestro lugar santo y nuestra nación. Entonces Caifás, uno de ellos, sumo sacerdote aquel año, les dijo: Vosotros no sabéis nada; ni pensáis que nos conviene que un hombre muera por el pueblo, y no que toda la nación perezca. Esto no lo dijo por sí mismo, sino que como era el sumo sacerdote aquel año, profetizó que Jesús había de morir por la nación; y no solamente por la nación, sino también para congregar en uno a los hijos de Dios que estaban dispersos. Así que, desde aquel día acordaron matarle. Por tanto, Jesús ya no andaba abiertamente entre los judíos, sino que se alejó de allí a la región contigua al desierto, a una ciudad llamada Efraín; y se quedó allí con sus discípulos* (Jn 11:47-54).

Este pasaje nos revela que el rechazo a Jesús fue tan intenso que los líderes judíos tramaron dar muerte a Lázaro después de haber resucitado de los muertos:

> *Gran multitud de los judíos supieron entonces que él estaba allí, y vinieron, no solamente por causa de Jesús, sino también para ver a Lázaro, a quien había resucitado de los muertos. Pero los principales sacerdotes acordaron dar muerte también a Lázaro, porque a causa de él muchos de los judíos se apartaban y creían en Jesús* (Jn 12:9-11).

Si esto se podía decir de Lázaro después de resucitar de los muertos, cabe inferir que otros que habían sido sanados o resucitados de los muertos —y por tanto tenían gran testimonio— corrían el mismo peligro de ser asesinados para destruir su testimonio.

El rechazo a Jesús era tan intenso que, pese a la evidencia incontrovertible de la resurrección, sus enemigos rehusaban creer en él, recurriendo incluso a mentiras y contradicciones para oponerse al hecho de su resurrección.

> *Mientras ellas iban, he aquí unos de la guardia fueron a la ciudad, y dieron aviso a los principales sacerdotes de todas las cosas que habían acontecido. Y reunidos con los ancianos, y habido consejo, dieron mucho dinero a los soldados, diciendo: Decid vosotros: Sus discípulos vinieron de noche, y lo hurtaron, estando nosotros dormidos. Y si esto lo oyere el gobernador, nosotros le persuadiremos, y os pondremos a salvo. Y ellos, tomando el dinero, hicieron como se les había instruido. Este dicho se ha divulgado entre los judíos hasta el día de hoy* (Mt 28:11-15).

> *¿Qué haremos con estos hombres? Porque de cierto, señal manifiesta ha sido hecha por ellos, notoria a todos los que moran en Jerusalén, y no lo podemos negar. Sin embargo, para que no se divulgue más entre el pueblo, amenacémosles para que no hablen de aquí en adelante a hombre*

> *alguno en este nombre. Y llamándolos, les intimaron que en ninguna manera hablasen ni enseñasen en el nombre de Jesús* (Hch 4:16-18).

Toda esta evidencia bíblica añade un marco a la declaración de Colosenses 1:15: que Jesús era «la imagen del Dios invisible». La evidencia revela que no sólo era imagen de Dios en su naturaleza y su carácter, sino también en las reacciones diversas que soportó de amigos y extraños.

Después de más de tres años de ministerio, sus enemigos prevalecieron. Fue arrestado a medianoche, soportó un juicio ilegal por la mañana temprano, y fue sentenciado a muerte por un juez cobarde, el gobernador romano Pilato. Éste sabía que él era inocente, como demuestran estos pasajes:

> *Porque sabía que por envidia le habían entregado* (Mt 27:18).

> *Y estando él sentado en el tribunal, su mujer le mandó decir: No tengas nada que ver con ese justo; porque hoy he padecido mucho en sueños por causa de él* (Mt 27:19).

> *Porque conocía que por envidia le habían entregado los principales sacerdotes* (Mr 15:10).

> *Entonces Pilato salió otra vez, y les dijo: Mirad, os lo traigo fuera, para que entendáis que ningún delito hallo en él. Y salió Jesús, llevando la corona de espinas y el manto de púrpura. Y Pilato les dijo: ¡He aquí el hombre! Cuando le vieron los principales sacerdotes y los alguaciles, dieron voces, diciendo: ¡Crucifícale! ¡Crucifícale! Pilato les dijo: Tomadle vosotros, y crucificadle; porque yo no hallo delito en él* (Juan 19:4-6).

La mejor exposición breve del flagelo y crucifixión del Señor Jesús es, en mi opinión, la del Dr. C. Truman Davis. Este artículo se adjunta enteramente en el Apéndice 2. Por ahora, baste con citar algunas porciones que describen los azotes y la crucifixión de Jesús.

> «Por la mañana temprano, apaleado y azotado, deshidratado y agotado, tras toda una noche en vela, Jesús fue arrastrado por Jerusalén hasta el pretorio de la fortaleza Antonia, sede del gobierno del procurador de Judea, Poncio Pilato. Estamos acostumbrados a la actitud que adoptó Pilato en su intento de evadir su responsabilidad y descargarla sobre Herodes Antipas, tetrarca de Judea. Al parecer, Jesús no sufrió maltrato físico a manos de Herodes y fue

> devuelto a Pilato. Entonces, para congraciarse con el clamor de la multitud, Pilato ordenó soltar a Barrabás y condenó a Jesús a flagelo y crucifixión.
>
> «Se llevaron a cabo preparativos para consumar el castigo de Jesús. El preso fue despojado de su vestimenta, y sus manos, atadas a un poste por encima de la cabeza. Un legionario romano se adelantó con el flagrum, o flagellum, en la mano. Este era un látigo corto que tenía varias correas gruesas de cuero con dos pequeñas bolas de plomo incrustadas en el extremo. El pesado látigo cayó con gran violencia una y otra vez sobre los hombros, la espalda y las piernas de Jesús. Al principio las pesadas tiras sólo horadaban la piel, pero a medida que se prolongaban los latigazos, se fueron rasgando los tejidos subcutáneos, ocasionando primeramente un rezumar de sangre de los capilares y las venas más superficiales y, finalmente, un chorro de sangre de vasos y arterias musculares.
>
> «Las bolitas de plomo produjeron primeramente grandes y profundas magulladuras que se rompieron con los latigazos subsiguientes. Finalmente, la piel de la espalda quedó hecha trizas y toda su superficie fue una masa irreconocible de tejido rasgado y sangriento. Cuando el centurión encargado pensó que el preso estaba cercano a la muerte, puso fin a la paliza.»

¿Puede usted imaginarse el estado físico de Jesús después de tanto sufrimiento? La flagelación pudo ser tan brutal que estuvo a punto de causarle la muerte.

> El Dr. Davis sigue diciendo: «Un Jesús medio desmayado fue entonces desatado, lo que hizo que se desplomara en el suelo, humedecido con su propia sangre. A los soldados romanos les pareció una gran broma el que este judío provinciano se proclamara rey. Le lanzaron una túnica a los hombros y le pusieron una caña en la mano como cetro. Aún necesitaban una corona para completar su parodia. Trenzaron ramas flexibles llenas de afiladas espinas, con las que se solían encender braseros de carbón en el patio, y formaron una ruda corona. La corona le fue colocada sobre el cuero cabelludo y Jesús volvió a sangrar copiosamente cuando las espinas le traspasaron el tejido vascular. Después de escarnecerle y abofetearle, los soldados le quitaron la caña y comenzaron a darle golpes en la cabeza, con lo cual las espinas le penetraron más profundamente. Finalmente, se cansaron de su sádico deporte y le rasgaron la túnica desde atrás. La túnica ya se le había pegado a los coágulos

> de sangre y al suero de las heridas, y al arrancársela, lo mismo que cuando se arranca descuidadamente una venda quirúrgica, le causaron un dolor agudísimo. Las heridas volvieron a sangrar». O tal vez no dejaran de sangrar.
>
> El Dr. Davis prosigue: «En deferencia hacia las costumbres judías, los romanos, según parece, le devolvieron su vestimenta. El pesado patíbulo de la cruz iba atado a sus hombros. La procesión del Cristo condenado, los ladrones, y el pequeño destacamento de ejecución conducido por un centurión inició lentamente la ruta hoy conocida como Vía Dolorosa.
>
> «A pesar del esfuerzo de Jesús por andar erguido, el grave peso del madero y la conmoción sufrida por la copiosa pérdida de sangre, eran demasiado para sobrellevarlo. Tropezó y cayó. La áspera textura de la viga le sajaba su lacerada piel y los músculos de los hombros. Intentó levantarse, pero los humanos músculos ya no daban más de sí.»

Cuando yo era joven se me enseñó que Jesús sufrió como Dios. Ya no lo creo. Él sufrió como hombre. La flagelación le dolió a él como nos habría dolido a nosotros. El patíbulo fue para él tan pesado como lo habría sido para cualquiera de nosotros.

> El Dr. Davies prosigue: «El centurión, deseoso de llevar adelante la crucifixión, escogió a un fornido espectador norteafricano, Simón de Cirene, para acarrear la cruz. Jesús le siguió aún sangrando y sudando frías gotas de postración. El trayecto de 600 metros desde la fortaleza Antonia hasta el Gólgota por fin se completó. El preso volvió a ser despojado de su vestimenta, salvo un paño que le cubría el lomo, el cual se les permitía retener a los judíos. La crucifixión comenzó. A Jesús se le ofreció un brebaje de vinagre mezclada con mirra, un suave analgésico que aliviaba el dolor. Él lo rechazó. A Simón se le ordenó dejar el patíbulo en el suelo y Jesús fue inmediatamente echado de espaldas, con los hombros contra el madero. El legionario palpó la depresión en la muñeca. Traspasó profundamente con un pesado clavo de forja cuadrada la muñeca y la madera. Rápidamente se movió hacia el otro lado y repitió la misma operación, poniendo cuidado de no tensar los brazos demasiado, sino permitiendo un poco de holgura y movimiento. El patíbulo fue entonces levantado y colocado en el hueco de la pilastra, y se clavó en su lugar el título que rezaba «Jesús de Nazaret, Rey de los Judíos».

> «El pie izquierdo fue forzado hacia atrás, contra el derecho. Con ambos pies extendidos, los dedos hacia abajo, le introdujo un clavo a través de cada arco, dejando un poco de holgura en las rodillas. La víctima había sido crucificada.»

La explicación precedente es una descripción abreviada de los sucesos que acompañaron a la crucifixión: Mateo 27:35.

> «A medida que el peso de su cuerpo fue cayendo sobre las muñecas clavadas, sintió en dedos y brazos un dolor insoportable que le explotaba en el cerebro. Los clavos de las muñecas presionaban sobre el nervio medio, gran tronco nervioso que atraviesa la muñeca y la mano. Mientras él intentaba elevarse para evitar este prolongado tormento, descargó todo su peso sobre el clavo que le atravesaba los pies. Un terrible dolor le abrasaba, pues el clavo le desgarraba los nervios alojados entre los huesos metatarsos de los pies.
>
> «En este punto, ocurrió otro fenómeno. Con los brazos fatigados, una gran ola de calambres se extendió por los músculos, anudándose éstos con un dolor profundo, incesante y palpitante. Con los calambres se vio imposibilitado a empujarse hacia arriba. Colgando de los brazos, los músculos pectorales, los grandes músculos del pecho, quedaron paralizados, y los pequeños músculos intercostales no pudieron actuar. Podía entrar aire en los pulmones, pero no salir. Jesús luchó por elevarse para poder siquiera respirar un poco. Finalmente, el nivel de dióxido de carbono aumentó en los pulmones y en el torrente sanguíneo, y los calambres cedieron en parte.
>
> «A duras penas logró alzarse para inspirar espasmódicamente un oxígeno vivificante. Fue sin duda en este periodo cuando pronunció las siete breves exclamaciones que quedaron plasmadas.»

Mientras usted lee esta descripción de la crucifixión, probablemente se sienta descansado. En este estado, según se dice, respiramos doce veces por minuto, o una vez cada cinco segundos. ¿Puede imaginarse pasar por lo que el Dr. Davis acaba de describir cada vez que intentara respirar?

> El Dr. Davis sigue diciendo: «Jesús sufrió varias horas de dolor ilimitado, ciclos de retorcimiento, calambres y descoyunte de articulaciones, asfixia parcial intermitente y dolor abrasador cuando el tejido de su espalda lacerada se desgarraba con el roce continuo

contra el madero. De pronto comenzó otro suplicio: un dolor aplastante en el pecho cuando el pericardio, el saco que envuelve el corazón, se fue llenando lentamente de suero y empezó a comprimir el corazón.

«El final se aproximaba rápidamente. La pérdida de fluido en los tejidos alcanzó un nivel crítico; el corazón comprimido tenía enorme dificultad para bombear una sangre lenta y espesa hacia los tejidos, y los torturados pulmones hacían un esfuerzo titánico por inhalar ínfimos resuellos de aire. Los tejidos notablemente deshidratados enviaban su flujo de estímulos al cerebro. Jesús jadeó su quinta exclamación: «Tengo sed».

«Una esponja empapada de posca, vinagre de vino barato, bebida común de los legionarios romanos, fue acercada a los labios de Jesús. Su cuerpo ya agonizaba y él podía palpar el ascenso del escalofrío de la muerte por sus tejidos. Siendo consciente de ello, articuló su sexta palabra, posiblemente poco más que un susurro atormentado: «Todo se ha cumplido». Su misión de expiación se había completado. Finalmente, se dejó morir. Con un último impulso de energía, volvió a apretar sus pies desgarrados contra el clavo, enderezó sus piernas, inspiró por última vez y emitió su última exclamación: "Padre, en tus manos entrego mi espíritu".

«El método común para poner fin a una crucifixión era la *crurifractura*, o fractura de los huesos de la pierna. Esto impedía que la víctima se empujara hacia arriba; los músculos del pecho no podían aliviar la tensión, y se producía rápidamente la asfixia. Las piernas de los dos ladrones fueron quebradas, pero cuando los soldados se acercaron a Jesús, comprobaron que esta medida era innecesaria».

«Al parecer, para confirmar la muerte, el legionario introdujo su lanza a través de las costillas, hacia el pericardio y el corazón. Juan 19:34 declara: "Y al instante salió sangre y agua". Así pues, se produjo un derrame de fluido acuoso y sangre del saco que envuelve el corazón. Esto era una evidencia concluyente post-mortem de que Jesús había muerto, no por asfixia, como en la crucifixión normal, sino de fallo cardiaco debido a la conmoción y constricción del corazón por falta de fluido en el pericardio.»

Tome nota de la siguiente conclusión: «Hubo, pues, un derrame de fluido acuoso del saco que envuelve el corazón y de la sangre contenida en su interior. *Esto era una evidencia concluyente post-mortem de que*

Jesús había muerto, no por asfixia, como en la crucifixión normal, sino de fallo cardiaco debido a la conmoción y constricción del corazón por falta de fluido en el pericardio».

Cuando considero esta declaración —que Jesús murió de fallo cardiaco—, y tengo en cuenta lo que hemos visto: que «Jesús es la imagen visible del Dios invisible», no puedo evitar concluir que Jesús murió de un corazón quebrantado por los pecados del mundo, revelando así de una manera física «el corazón quebrantado de Dios».

CAPÍTULO 3

El alto precio del pecado para el hombre

¿Puede usted imaginarse el aspecto que ofrecía el mundo después del diluvio, cuando Noé y su familia descendieron del arca? ¿Puede imaginarse la devastación? ¿Podemos entonces comparar lo que vemos con el aspecto que debió ofrecer el jardín del Edén? Esto nos dará una idea del alto coste del pecado.

También sabemos que se ofrecían sacrificios animales antes del diluvio. Por supuesto, éstos comenzaron cuando Dios hizo ropa de pieles para cubrir a Adán y Eva, después de pecar, y también se mencionan en la memoria de los sacrificios de Caín y Abel. Después, el sacrificio se asume, pero no se menciona específicamente hasta el diluvio. Noé tomó siete parejas de cada especie de animal limpio y las introdujo en el arca (Gn 7:2) con el propósito concreto de hacer sacrificios después del diluvio (Gn 8:20).

Hasta después del éxodo de Egipto no se facilita mucho detalle acerca del sacrificio. El libro de Levítico menciona las ofrendas encendidas, de grano, de paz, y por el pecado y la transgresión.

Las ofrendas por el pecado

La nación de Israel fue salvada por gracia por medio de la fe, lo mismo que toda persona en el tiempo presente. Después de haber sido rescatados de la esclavitud de Egipto, Dios les guio hasta el monte Sinaí por dos motivos principales. Deseaba, en primer lugar, que ellos aprendieran qué clase de pueblo debía ser el pueblo de Dios. Este fue el objeto de la ley moral, resumida en los Diez Mandamientos. En segundo lugar, deseaba enseñarles a adorar y acercarse a Dios. Para poder hacer esto, reveló el tabernáculo y el sistema de sacrificios a Moisés. Cuando se completó el tabernáculo y Dios hizo residencia en él (Ex 40:33-35), les instruyó que abandonaran el Sinaí y se dirigieran hacia la Tierra Prometida.

Las instrucciones específicas para las ofrendas por el pecado se dan en Levítico, de 4:1 a 5:13. Pero algunas instrucciones generales, aplicables a varias ofrendas, se dan en Levítico 1:1-6. Los versículos 1 y 2 parecen aplicarse en general a los sacrificios animales, mientras que los versículos 3-6 se centran en las ofrendas encendidas o quemadas.

> *Llamó Jehová a Moisés, y habló con él desde el tabernáculo de reunión, diciendo: Habla a los hijos de Israel y diles: Cuando alguno de entre vosotros ofrece ofrenda a Jehová, de ganado vacuno u ovejuno haréis vuestra ofrenda. Si su ofrenda fuere holocausto vacuno, macho sin defecto lo ofrecerá; de su voluntad lo ofrecerá a la puerta del tabernáculo de reunión delante de Jehová. Y pondrá su mano sobre la cabeza del holocausto, y será aceptado para expiación suya. Entonces degollará el becerro en la presencia de Jehová; y los sacerdotes hijos de Aarón ofrecerán la sangre, y la rociarán alrededor sobre el altar, el cual está a la puerta del tabernáculo de reunión. Y desollará el holocausto, y lo dividirá en sus piezas* (Lv 1:1-6).

La «imposición de su mano sobre la cabeza de la ofrenda» no se explica aquí, pero sí en Levítico 16:21:

> *...y pondrá Aarón sus dos manos sobre la cabeza del macho cabrío vivo, y confesará sobre él todas las iniquidades de los hijos de Israel, todas sus rebeliones y todos sus pecados, poniéndolos así sobre la cabeza del macho cabrío, y lo enviará al desierto por mano de un hombre destinado para esto.*

De manera que la imposición de manos, en el caso de la ofrenda por el pecado, representa la confesión del pecado por el cual se presenta la ofrenda, poniéndolo, de manera vicaria sobre la cabeza del animal. El pecado a confesar es el motivo para presentar este sacrificio particular.

Además, este pasaje revela que la persona que presenta el sacrificio tenía que matar ella misma al animal:

> *«La imposición de manos iba seguida del degüello…que lo ejecutaba el propio oferente en el caso de los sacrificios privados, y los sacerdotes y levitas en el caso de las ofrendas nacionales y festivas»* (Lv 1:5)[4]

Yo había sido cristiano por más de veinte años y no me había dado cuenta de que la persona que presentaba la ofrenda por el pecado tenía que sacrificar él mismo el animal. Al haberme criado en una granja y haber experimentado la matanza de mayormente gallinas, vacas y cerdos, para obtener carne, recuerdo cuán desagradable resultaba todo el proceso. Había derramamiento de sangre, sufrimiento, suciedad y un mal olor que siempre acompañaba la carnicería. Después, los que participaban en la matanza tenían que bañarse y ponerse ropa limpia. En cualquier caso, siempre era una experiencia muy desagradable. Suponía un alto precio, no sólo para el animal sacrificado, sino también para la persona que llevaba a cabo el sacrificio.

Examinemos ahora las instrucciones para las ofrendas por el pecado dadas en Levítico 4:1-5:13. Los primeros dos versículos de Levítico 4 presentan instrucciones generales, aplicables a todas las ofrendas por el pecado.

> *Habló Jehová a Moisés, diciendo: Habla a los hijos de Israel y diles: Cuando alguna persona pecare por yerro en alguno de los mandamientos de Jehová sobre cosas que no se han de hacer, e hiciere alguna de ellas* (Lv 4:1-2).

Después de las instrucciones generales, el pasaje se divide en varias secciones. La primera, Levítico 4:3-12, tiene que ver con la ofrenda por el pecado para el sacerdote ungido. En el contexto, cuando fue escrito el libro de Levítico, el sacerdote ungido era Aarón.

La segunda sección, Levítico 4:13-21, tiene que ver con el sacrificio expiatorio de toda la congregación, toda la nación de Israel.

La tercera sección, Levítico 4:22-26, tiene que ver con el sacrificio expiatorio de un gobernante (traducido también por líder o príncipe) que peca. Esto alude obviamente al miembro de la congregación que tiene responsabilidades de liderazgo.

La siguiente sección, Levítico 4:27 a 5:13, tiene que ver con el sacrificio expiatorio en favor de varios tipos de personas comunes cuando pecan.

Levítico 5:7-10 se aplica a los que «no pueden traer un cordero», lo que obviamente significa que son demasiado pobres para poder permitirse ofrecer un cordero, por lo que se les permite traer «dos tórtolas o dos pichones de paloma», una ofrenda menos cara que la del cordero.

Además, Levítico 5:11-13 se aplica a los que «no pueden traer dos tórtolas o dos pichones de paloma», lo que significa que son demasiado pobres. No son capaces ni siquiera de traer la ofrenda más barata de dos tórtolas o dos pichones, por lo que se les manda traer una ofrenda de flor de harina:

> *Mas si no tuviere lo suficiente para dos tórtolas, o dos palominos, el que pecó traerá como ofrenda la décima parte de un efa de flor de harina para expiación. No pondrá sobre ella aceite, ni sobre ella pondrá incienso, porque es expiación* (Lv 5:11).

Note que esta ofrenda por el pecado para los muy pobres no era un sacrificio cruento, es decir, era la única ofrenda por el pecado en la que no había derramamiento de sangre. Lo cual demuestra que no era específicamente la sangre lo que proporcionaba la base para el perdón de pecados. La sangre de un animal, o de un ser humano, era un eufemismo para la vida de uno de ellos. A mí me parece que para poner de manifiesto la gravedad del pecado era necesario, normalmente, sacrificar una vida para proveer expiación, una base para el perdón. Sin embargo, Hebreos 9:22 deja un resquicio para la expiación sin derramamiento de sangre a la que se refiere Levítico 5:11:

> *Y casi todo es purificado, según la ley, con sangre; y sin derramamiento de sangre no se hace remisión* (Heb 9:22).

Saquemos, pues, algunas conclusiones de este pasaje que instruye acerca de las ofrendas por el pecado. En primer lugar, note que todas las ofrendas por el pecado habían de ser ofrecidas sólo por los «pecados inintencionados», (también traducidos como pecados de ignorancia, inadvertidos, o por yerro). Note que no se proveen ofrendas para el pecado intencional o deliberado.

Las definiciones bíblicas más comunes del pecado se hallan en 1 Juan 3:4 y Santiago 4:17:

Todo aquel que comete pecado, infringe también la ley; pues el pecado es infracción de la ley (1 Jn 3:4). Este es el pecado de comisión.

...y al que sabe hacer lo bueno, y no lo hace, le es pecado (Stg 4:17). Este es el pecado de omisión.

Normalmente pensamos en los pecados de comisión y de omisión como pecados intencionales o deliberados. En tal caso, no se proveía ninguna ofrenda por el pecado. El concepto de pecado inintencionado me resultaba muy difícil de captar, ya que siempre había entendido que el pecado era una violación consciente de una ley o mandato conocido, fuera o no por comisión u omisión.

¿Cómo hemos de entender, pues, los «pecados inintencionados», o «pecados de ignorancia»? La siguiente definición pertenece a la Enciclopedia de la Biblia Estándar Internacional.

(2) La ley de la ofrenda por el pecado (Levítico 4:1-35; 24-30, etc.).

(a) La ocasión y el sentido:

«Expiar específicamente pecados involuntarios, yerros (Heb: *sheghaghah*), errores o actos precipitados, ignorados en su momento, pero conocidos después. Había grados para distintas clases de ofensores: el sacerdote ungido (Lv 4:3-12), toda la comunidad (Lv 4:13-21), un gobernante (Lv 4:22-26), un miembro del pueblo (Lv 4:27-35), el apóstata (5:1), el que tocaba alguna cosa impura (Lv 5:2), o alguna impureza humana (Lv 5:3), o el que juraba a la ligera, sin ser consciente (Lv 5:4). *Para las violaciones conscientes e involuntarias de la Ley, no era posible la expiación, con algunas salvedades, para las que se hacía provisión en los sacrificios por la culpa.*»

Gordon Olson opina lo siguiente:

«Los pecados de ignorancia deben implicar responsabilidad personal al rehusar aplicarse a aprender lo que se puede conocer fácilmente de la voluntad de Dios. *Debe suponer un estado voluntario de ignorancia, un cerrar los oídos a la verdad por causa del pecado o una renuencia a acatarla, ya que la culpa está ligada a ella».*[5] En un contexto de «ignorancia voluntaria», considérese 2 Pedro 3:5: «Ignoran *voluntariamente*, que en tiempo antiguo fueron hechos por la palabra de Dios los cielos, y también la tierra, que proviene del agua y por el agua subsiste».

Matthew Henry opina lo siguiente:

«Pero si el infractor *ignoraba la Ley*, como suponemos que ocurría en muchos casos (las prohibiciones eran numerosas y variadas), *o era sorprendido repentinamente*, en circunstancias tales que fuera evidente que su resolución contra el pecado era sincera, aunque rebasado por ella, por decirlo así, (Gá vi. 1), en este caso se proporcionaba alivio mediante la ley reparadora de la ofrenda por el pecado. Y los judíos dicen que *«estos crímenes sólo debían ser expiados con sacrificio, si se cometían por ignorancia, ya que el infractor tenía que ser cortado de la comunidad si los había cometido presuntuosamente.»*[6]

Jamieson, Faucet y Brown opinan lo siguiente:

«Todos los pecados deben ser considerados, en cierto sentido, como cometidos "por ignorancia", error o malentendido de lo que es el verdadero interés personal. *No obstante, los pecados a los que hace referencia esta ley eran violaciones inintencionadas de las leyes ceremoniales, —infracciones precipitadas, o inadvertencia de algún precepto negativo, que, si se ejecutaban consciente y voluntariamente, implicaban pena capital.»*[7]

Para intentar comprender el concepto de pecado inintencionado, lo ilustraré con mi propia experiencia. Hace muchos años pastoreaba una pequeña iglesia en Illinois. Mi esposa y yo nos dirigíamos a visitar a alguien que hacía poco había pasado por nuestra iglesia y rellenado una tarjeta de visita. Viajábamos por un sector desconocido de la ciudad. Yo me iba fijando en los carteles de señalización, y mi esposa examinaba el mapa y me daba instrucciones. Al llegar a un cruce, mi esposa exclamó «te acabas de saltar una señal de stop». Miré, y ella estaba en lo cierto. Yo no había visto la señal, no había infringido intencionalmente la señal que indicaba que debía de parar, pero lo había hecho. Si hubiera estado allí un policía, me habría puesto una multa bien justificada, ya que había quebrantado la ley, aunque involuntariamente.

¿Qué conclusión debemos sacar de esto? Yo creo que se desprende un principio muy claro. *Dios nunca tuvo en mente que su pueblo cometiera pecado deliberado o intencional.* Note que esto pertenece al Antiguo Testamento, bajo el antiguo pacto, antes de la cruz, antes del nuevo pacto, antes de derramar el Espíritu Santo. ¿Podemos acaso imaginar que Dios haya cambiado de idea de suerte que ahora él desee o permita que su pueblo cometa pecado deliberado o intencional bajo el nuevo pacto? Al testificar a algunas personas, al expresarles la idea de que los cristianos nacidos de nuevo tenemos que vivir en santidad, me han preguntado: «Si no debemos pecar, ¿por qué vino Jesús? Esto expresa la popular idea equivocada de que Jesús vino a hacer posible que viviéramos una vida pecaminosa y seguir siendo cristianos.

De modo que, si las ofrendas por el pecado debían ser ofrecidas solamente por los pecados inintencionados, ¿Cómo sabía la persona que pecaba que tenía que ofrecer un sacrificio para poder recibir perdón?

La respuesta es: sólo era responsable de ofrecer sacrificio después de darse cuenta del pecado que había cometido.

> *Luego que conociere su pecado que cometió, presentará por su ofrenda un macho cabrío sin defecto.* (Lv 4:23). Cotéjese con Lv 4:14, 28; 5:4, que declaran lo mismo.

De manera que las ofrendas por el pecado debían ofrecerse por los pecados inintencionados, y puesto que eran inintencionados, sólo se podían ofrecer después que la persona se daba cuenta que había pecado, Por lo tanto, se daba un intervalo de tiempo entre la comisión del pecado, el descubrimiento de haber cometido un pecado inintencionado y la ofrenda por el pecado.

En 1974 tuve el privilegio de visitar Israel por primera vez. Durante nuestra visita, viajé con un grupo, en autobús, de Jerusalén a Jericó. Es un viaje corto, como de unos 25 kilómetros. Varias veces noté pequeños rebaños de cabras paciendo a los costados de la carretera. En cada caso, había una familia pastoreando las cabras en la zona acotada donde pacían. Normalmente, había una tienda negra, una mujer cocinando en un fuego al aire libre, algunos niños y un perro formando una especie de valla para proteger a las cabras, y un hombre sentado, vigilándolo todo. Yo pregunté al guía qué significaban esos grupos de familias y de cabras. Me respondió que eran beduinos nómadas, que las cabras constituían todo su sustento, y que se trasladaban de un lugar a otro en busca de pastos para sus rebaños. También comentó que reflejaban una pequeña imagen de la manera en que habían vivido Abraham, Lot, Isaac y otros personajes del Antiguo Testamento.

Me explicó que la familia obtenía todo su sustento del rebaño de cabras. Su tienda estaba confeccionada de piel de cabra; bebían leche de cabra, comían carne de cabra, y que si necesitaban algo que las cabras no proveyesen, tenían que vender una o varias cabras para comprar el artículo que necesitaran. Las cabras representaban toda su acumulación de riqueza, al igual que nuestras cuentas bancarias.

Cuando más tarde leí y consideré este pasaje de Escritura en relación con las ofrendas por el pecado, me vino a la mente esta imagen. Suponga que un hombre tenía un rebaño de 25 cabras, una esposa y cuatro hijos. Si él cometía un pecado inintencionado, y más adelante descubría lo que había hecho, entonces tenía que acudir a su rebaño, escoger una cabra que reuniera las condiciones exigidas para ofrecerla por su pecado. Y si no tenía esa cabra, tenía que vender suficientes cabras para adquirir una que reuniese esas condiciones. Luego tenía que llevar la cabra al tabernáculo y ofrecerla como sacrificio por el pecado, para poder ser perdonado. ¿Ve usted que su pecado inintencionado le exigía pagar un alto precio? Si tenía un rebaño de 25 cabras, ahora era más pobre. Su pecado le había costado en torno al cuatro por ciento de su riqueza. A la luz del presente acento en el «evangelio de la prosperidad», creo que resulta interesante calificar este proceso de «evangelio de la pobreza».

George Otis hijo, ha captado algo del patetismo personal de esta ofrenda en la siguiente ilustración.

> «Para ilustrar los efectos del sacrificio en el pecador, volveremos por vía de la imaginación al antiguo Israel.
>
> «En aquellos tiempos era típico que muchas familias, en vez de perros y gatos, tuvieran otros animales por mascotas, en especial, corderos. Como en nuestra sociedad, los niños pequeños les tomaban mucho afecto.
>
> «Una tarde mientras usted con sus hermanos y hermanas corretean fuera de la casa, llega su padre y pone fin a las payasadas. Después de meterles prisa para entrar a cenar, toma su cordero favorito en brazos y lo ata junto a la puerta. La llegada de papá es casi siempre muy especial, pero algo debe hoy haber ido mal. Está demasiado serio, no como de costumbre, en que toma a su hijito, le echa a sus espaldas y franquea la puerta. Usted se entera que mañana la familia va a ir al templo, pero lo curioso es que ese «cordero» les acompañará.

«Por la mañana temprano su madre le despierta y le manda asearse y ponerse su ropa nueva. El hecho de pasar por alto el desayuno para el Señor no era novedoso, pero papá nunca pareció tan serio...tan sobrio. Bueno, uno supone que es porque tiene que atar las patas de «cordero» para que no se pierda en el Templo.

«La familia inicia por fin su camino; papá encabeza la comitiva con el cordero sobre sus hombros; le siguen mamá con los hermanos y hermanas. A acercarse al Templo, usted ve llegar a algunos de sus amigos, pero papá no le permite hablar con ellos. Una vez dentro del Templo, sólo se ven espaldas y piernas en un bosque de adultos. Nadie habla; todos parecen llorar y gemir con gran clamor. De vez en cuando una familia o grupo de personas se abren camino hacia la puerta del Templo. Son los que más lloran, incluso los niños. Es difícil imaginarse qué está sucediendo. No se había fijado en el rostro de la gente en otras ocasiones. Esta es también la primera vez que papá trae un «cordero», aunque muchos otros trajeran el suyo.

«Después de dos largas horas ya casi están delante. De vez en cuando se ven las piernas del sacerdote y sus pies descalzos, en torno al altar, por un hueco entre la gente. Los lamentos y gemidos cerca del altar son casi ensordecedores.

«Finalmente su familia está delante del altar. Hay sangre alrededor que ha salpicado en la vestimenta del sacerdote. Mientras su atención se fija en la sangre, papá ha entregado el cordero al sacerdote. Después de decir éste algo a papá, levanta la cabeza y vuelve a hablar, probablemente esté orando. Sus dos manos descansan sobre el cordero *(en realidad, según Levítico 1:4, era el padre quien tenía que poner sus manos sobre la cabeza del cordero, para confesar el pecado por el que lo traía.)* —y entonces usted nota por primera vez el largo y amenazador cuchillo que reposa al lado del altar.

«El cordero intuye su futuro con mansa resistencia pero las correas de cuero lo sujetan firmemente. Después que el sacerdote acaba de orar, toma el cuchillo, pone su mano bajo la mandíbula del cordero y echa su cabeza hacia atrás. Horrorizado, ve cómo el sacerdote introduce el cuchillo en su yugular *(en realidad, según Levítico 1:5, era el padre quien tenía que matar el cordero)*; la sangre se derrama por el pecho del cordero, el sacerdote y el altar. Después de una última convulsión espasmódica expira su corderito.

«Mientras el sacerdote esparce la sangre en derredor, la realidad del espantoso espectáculo comienza a derretir su helado estupor. A la salida del Templo las lágrimas fluyen incontrolables, cuando se cruzan con otras familias judías que esperan su turno. Nadie dice nada camino a casa, pero, en cualquier caso, nadie lo nota.

«Esa noche su padre incorporó su cabecita de la almohada humedecida y le explicó amablemente, como lo había hecho con sus hermanos y hermanas en años anteriores, que era mejor que un cordero muriera en su lugar. Le explicó que el pecado había suscitado un millón de «porqués» como el suyo.

«¿Cree usted que ese niño pequeño entendió algo acerca de la horrible ofensa que es el pecado contra las normas divinas? ¿Cree usted que entendió, cuando fue a jugar con el cordero, que ya no estaba, cuán terrible es realmente el pecado? Puede que no entienda mucha teología, pero cabe afirmar, sin lugar a dudas, que este niño, al menos por un tiempo, no se tomara el pecado a la ligera.»[8]

Dejemos atrás la ilustración anterior. ¿Qué efecto tenía para la persona el ofrecer sacrificio por su pecado inintencionado? En Levítico 4 y 5 se declara varias veces que la persona era perdonada.

«Y hará de aquel becerro como hizo con el becerro de la expiación; lo mismo hará de él; así hará el sacerdote expiación por ellos, ***y obtendrán perdón»*** (Lv. 4:20).

«Así el sacerdote hará expiación por el pecado del gobernante, y su pecado ***le será perdonado»*** (Lv 4:26 NVI).
«Así el sacerdote hará expiación por él, y ***será perdonado****»* (Lv 4:31).

«Y le hará el sacerdote expiación de su pecado que habrá cometido, y ***será perdonado****»* (Lv 4:35).

«Así el sacerdote hará expiación por el pecado de aquel que lo cometió, y ***será perdonado****»* (Lv 5:10).

«Y hará el sacerdote expiación por él en cuanto al pecado que cometió en alguna de estas cosas, y ***será perdonado****»* (Lv 5:13). (Note que el oferente había de ser perdonado, aun cuando la ofrenda por el pecado no fuera de sangre, sino de flor de harina.) Examinemos aquí Hebreos 9:22:

«Y ***casi*** *todo es purificado, según la ley, con sangre; y sin derramamiento de sangre no se hace remisión»* (Heb 9:22). (Este versículo da

cabida al perdón del pecado sin sacrificio cruento, como en Levítico 5:13.)

Otra conclusión que se puede sacar de la información precedente es que todo aquel que cometía pecado inintencionado tenía que llevar una ofrenda. Y cuanta más responsabilidad una persona tuviera, más cara tenía que ser la misma. Y no importa cuán pobre uno fuera, tenía que llevar alguna ofrenda, que era cara incluso para los pobres. Dios está intentando enseñar a su pueblo el alto precio del pecado.

Otra conclusión que debemos sacar es que el animal sustituía a la persona que pecaba. Aquél era una víctima vicaria, y su muerte era un padecimiento vicario. Sin embargo, no podemos concluir que el animal ofrecido en lugar de la persona que había pecado fuera realmente culpable del pecado por el que moría. Considere esta cita de Albert Barnes:

> «Hay sufrimientos causados por el pecado que pertenecen exclusivamente a la conciencia de pecado, y estos padecimientos no pueden ser transferidos a otro. El pecado mismo no puede ser transferido; y, como es imposible separar el sufrimiento de la conciencia de culpa, se sigue que un sustituto no puede sufrir la misma clase de sufrimiento que sufre el pecador. El remordimiento de conciencia, por ejemplo —una de las causas de sufrimiento más agudo para el culpable, que será uno de los aspectos más temibles del castigo de la ley en el mundo venidero—, *no puede* ser transferido. *No se me puede* hacer sentir remordimiento por lo que otro ha hecho; puedo lamentar profundamente lo que se ha hecho; puedo sentir vergüenza, mortificación y humillación por el hecho de que fuera cometido por alguien íntimamente ligado a mí; puedo sufrir profundamente en persona, propiedad o posición social, por causa de la ofensa; pero *no se me puede* hacer sentir remordimiento. No hay manera concebible mediante la cual este sentimiento pueda ser transferido del culpable al inocente. Tal transferencia no es objeto de *poder*; ya que, dada la eterna e inmutable constitución de las cosas, está vinculada solamente al delito y al delincuente; y, puesto que es imposible que la culpa sea transferida, también lo es que el remordimiento que le pertenece se traspase a otro.»[9]

Se sigue, por tanto, que con independencia del tipo de expiación de que se trate, no implica que el sustituto padezca la misma clase de sufrimiento que sólo puede padecer el culpable.[10]

Saquemos, pues, algunas conclusiones de las ofrendas por el pecado.

- Eran solamente para los pecados inintencionados.
- Muestran que Dios no tuvo en mente que su pueblo cometiera pecados deliberados o intencionales.
- Cuando descubrían que habían pecado, tenían que llevar una ofrenda, algo de valor para los infractores. En la mayoría de los casos era un animal prescrito, pero en el caso de los muy pobres, era flor de harina. En cada caso, se trataba de algo valioso para ellos; tenía un coste.
- Con la imposición de manos, el pecado confesado se echa sobre el sacrificio. Esto es simbólico o representativo, ya que el animal no podía realmente ser culpable del pecado que se echaba sobre él.
- Si se sacrificaba un animal, éste se mataba para sustituir a la persona que pecaba. Aunque Ezequiel 18:4 y 18:20 aún no habían sido escritos, el principio declarado en estos dos versículos (el alma que pecare morirá) es eterno, como parte del reino de Dios.
- Se suponía que la persona que traía la ofrenda estaba arrepentida. Debía entender cuán seriamente considera Dios el pecado. Su corazón debía estar compungido y convencido de que no iba a volver a cometer ese pecado, ni ningún otro. Esto se deduce de Levítico 16:29 y 31: «afligiréis vuestras almas…».
- El es perdonado.

PERDÓN, (nombre)

> El acto de perdonar; el perdón de un ofensor, mediante el cual es considerado y tratado como no culpable.[11]

Así pues, tal como entendemos nosotros el perdón, sabemos que consiste en renunciar a todo derecho contra el que lo recibe. De manera que la presentación de la ofrenda por el pecado no era un «pago» a Dios.

- *Por tanto, la persona que presentaba la ofrenda por el pecado era salva por gracia a través de la fe.* La ofrenda por el pecado es provisión de la gracia de Dios, y la obediencia del que presenta la ofrenda es un acto de fe de su parte.

El Nuevo Testamento se asienta sobre el Antiguo, como una casa se basa en sus cimientos. El Antiguo Testamento son las Escrituras que Jesús y los apóstoles usaron para predicar el evangelio antes que el canon de la Biblia se hubiera completado. Por lo tanto, pienso que es imperativo entender el Antiguo Testamento para poder interpretar el mensaje que contiene el Nuevo. El estudio de las ofrendas por el pecado es una parte necesaria del fundamento sobre el que se asienta el entendimiento de que el Señor Jesús es nuestra ofrenda por el pecado.

CAPÍTULO 4

La ofrenda por el pecado en el día de la expiación

El decimosexto capítulo del libro de Levítico proporciona el orden de servicio para el Día de la Expiación: Yom Kippur en el calendario moderno. Los primeros diez versículos de Levítico resumen el servicio de ese día, y el resto del capítulo da más detalles acerca de los pormenores del servicio.

Recordemos que la ofrenda por el pecado se hacía con ocasión del pecado inintencionado, pero sólo después que la persona descubría que había pecado. Por lo tanto, pudieron darse multitud de casos en que se cometieran pecados inintencionados y nunca se descubriera que eran pecados, y por tanto no se ofrecieran ofrendas de expiación por los mismos. Por este motivo se presentaba la ofrenda el Día de Expiación, para que todos aquellos pecados fueran perdonados.

¿Cómo sabemos esto? El autor del libro de Hebreos hace la siguiente declaración en Hebreos 9:1-7:

> *Ahora bien, aun el primer pacto tenía ordenanzas de culto y un santuario terrenal. Porque el tabernáculo estaba dispuesto así: en la primera parte, llamada el Lugar Santo, estaban el candelabro, la mesa y los panes de la proposición. Tras el segundo velo estaba la parte del tabernáculo llamada el Lugar Santísimo, el cual tenía un incensario de oro y el arca del pacto cubierta de oro por todas partes, en la que estaba una*

> *urna de oro que contenía el maná, la vara de Aarón que reverdeció, y las tablas del pacto; y sobre ella los querubines de gloria que cubrían el propiciatorio; de las cuales cosas no se puede ahora hablar en detalle. Y así dispuestas estas cosas, en la primera parte del tabernáculo entran los sacerdotes continuamente para cumplir los oficios del culto; pero en la segunda parte, sólo el sumo sacerdote una vez al año, no sin sangre, la cual ofrece por sí mismo y por los pecados de ignorancia del pueblo…*

Hebreos 9:2 describe el Lugar Santo, mientras que Hebreos 9:3-5 describe el Lugar Santísimo. Hebreos 9:6 explica que a lo largo del año los sacerdotes servían en el Lugar Santo, y que sólo una vez al año el Sumo Sacerdote entraba en el Lugar Santísimo con sangre. Ese día era el Día (anual) de la Expiación. ¿Cómo sabemos esto? Porque Hebreos 9:7 declara que el Sumo Sacerdote entraba en el Lugar Santísimo «sólo una vez al año, provisto siempre de sangre que *ofrece por sí mismo y por los pecados de ignorancia cometidos por el pueblo*»; Por tanto, el autor de Hebreos vuelve a referirse a Levítico 16, el orden de servicio del Día de la Expiación. Las ofrendas por el pecado del Día de la Expiación se hacían por los «*pecados cometidos por ignorancia*», Por tanto, tenían que ser ofrecidas por el resto de la congregación de Israel que habían cometido pecados inintencionados, pero no habían descubierto que los habían cometido, por lo que no estaban obligados a traer ofrendas por su pecado. La ceremonia del Día de la Expiación, en cierto sentido, limpiaba la pizarra para todos.

El libro de Números informa del número de varones israelitas mayores de veinte años, 603.550, excluyendo la tribu de Leví (Nm 2:32). Si asumimos que los mayores de veinte estaban casados, habría, además, 603.550 mujeres, lo que hacía un total de 1.207.100 personas. Y si asumimos que cada familia tenía una media de dos hijos, la población total de Israel por ese tiempo sería de 2.414.200. Por ese tiempo, la tribu de Leví se censaba con distinto criterio: todos los varones a partir de un mes de vida. Después del censo, el número de levitas ascendía a 22.000 (Nm 3:39). Si estimamos que había el mismo número de mujeres que de varones, ello significaría que la población total de los levitas era de 44.000, sin contar los menores de un mes. De modo que la población total de Israel ascendía a 2.458.200. Tomando como base esta cifra, estimo la población total de Israel en 2,5 millones en números redondos. Creo que la población superaba realmente esa cifra, ya que la familia promedio tenía probablemente más de dos hijos.

De este número, podemos asumir que la mitad tenían más de veinte años. Conviene añadir aquí una nota adicional. La edad en que debía asumirse la responsabilidad por ese tiempo era de veinte años. Esto es cierto, no sólo por el hecho de ser censados los mayores de veinte, sino porque, cuando se produjo la rebelión en Cades-Barnea, los menores de veinte, no fueron inculpados por el pecado de rehusar entrar en la Tierra Prometida. Este relato aparece en Números 13-14, y Números 14:29 declara esta conclusión:

> *En este desierto caerán vuestros cuerpos; todo el número de los que fueron contados de entre vosotros, de veinte años arriba, los cuales han murmurado contra mí.*

Todo esto se dice para remarcar el punto de que había probablemente muchos pecados inintencionados no descubiertos que, por tanto, no se habían limpiados mediante ofrendas. Y Hebreos 9:7 enfatiza que el Día de la Expiación tenía el propósito de proporcionar purificación por estos pecados «cometidos en ignorancia».

Conviene hacer otro comentario general antes de describir el orden de los eventos del Día de la Expiación. Había dos diferencias fundamentales entre las ofrendas por el pecado normalmente ofrecidas a lo largo del año y las del Día de la Expiación. Normalmente sólo se ofrecía un animal, y el sacerdote no introducía la sangre en el Lugar Santísimo. Pero en el Día de la Expiación, se ofrecían dos animales como ofrenda por el pecado, y se introducía la sangre en el Lugar Santísimo.

Los dos animales (machos cabríos) se mencionan por primera vez en Levítico 16:5, 7-8 NVI:

> *«De la comunidad de los israelitas, Aarón tomará* ***dos machos cabríos para el sacrificio expiatorio*** *y un carnero para el holocausto. Después de que haya ofrecido el novillo del sacrificio expiatorio como propiciación por él y por su familia, tomará los dos machos cabríos y los presentará ante el Señor, a la entrada de la Tienda de reunión. Entonces Aarón echará suertes sobre los dos machos cabríos, uno para el Señor y otro para soltarlo en el desierto [por Azazel]».*

La palabra hebrea «Azazel» es traducida aquí por la expresión «para soltarlo en el desierto».

En la nota precedente, el Dr. Gleason Archer comenta con algún detalle el término «Azazel». Llega a la siguiente conclusión:

> «A este respecto, note que Jerónimo, siguiendo la interpretación de la LXX (Septuaginta, traducción al griego del Antiguo Testamento hebreo), entendió el término L'Z'ZL (Azazel), en Levítico 16:8, como una fusión de L'Z 'ZL (el envío de una cabra al desierto, lo cual, ciertamente, tiene bastante sentido en el contexto, y elimina un nombre propio fastidioso, Azazel, por lo demás, desconocido en los tiempos pre-cristianos).»

Por lo tanto, concluyo con el Dr. Gleason Archer, que este nombre, Azazel, es resultado de un error de «fusión», y debería ser traducido, bien como «macho cabrío» (chivo expiatorio), bien como «macho cabrío que quita y se lleva lejos», en vez de Azazel.

Ya estamos listos para examinar el orden ceremonial del Día de la Expiación, e intentar entender lo que Dios quería enseñarnos.

En primer lugar, se escogía una ofrenda por el pecado para el sumo sacerdote Aarón. Esta consistía en un novillo. Después se escogían dos machos cabríos como ofrenda por el pecado de toda la población adulta de Israel. Esta es la única ofrenda por el pecado que exigía dos animales en lugar de uno. Se echaban suertes sobre los machos cabríos escogidos, «uno para el SEÑOR y el otro para «soltarlo en el desierto» (Lv 16:8). Después de seleccionar los animales, Aarón mataba el novillo escogido como ofrenda por su pecado y el de su casa, e introducía parte de la sangre en el Lugar Santísimo para rociarla sobre el propiciatorio. En todos los demás sacrificios expiatorios ofrecidos durante el año, la sangre sólo se rociaba sobre el altar del holocausto, que estaba a la entrada de la Tienda de reunión o tabernáculo. Solo el Día de la Expiación era la sangre introducida en el Lugar Santísimo y rociada sobre el propiciatorio.

El sumo sacerdote regresaba entonces a la puerta del tabernáculo y mataba el macho cabrío sobre el que había caído la suerte «para el Señor» y hacía lo mismo. Tomaba parte de la sangre de este macho cabrío, la introducía en el Lugar Santísimo y la rociaba sobre el propiciatorio. Después volvía a la puerta del tabernáculo donde estaba el macho cabrío vivo, y entonces:

> *Y pondrá Aarón sus dos manos sobre la cabeza del macho cabrío vivo, y confesará sobre él todas las iniquidades de los hijos de Israel, todas sus rebeliones y todos sus pecados, poniéndolos así sobre la cabeza del macho cabrío, y lo enviará al desierto por mano de un hombre destinado para esto* (Lv 16:21).

Recuerde que este sacrificio se ofrecía «*por los pecados de ignorancia del pueblo*» (Heb 9:7). De modo que Aarón confesaba sobre el macho cabrío los pecados inintencionados del pueblo de Israel a lo largo del año. Note la parte de Levítico 16:21: «Pondrá… (los pecados que acaba de confesar) sus dos manos sobre la cabeza del macho cabrío».

Así pues, la cuestión es: ¿los pecados que Aarón confesaba recaían realmente sobre la cabeza del macho cabrío? O, por decirlo de otro modo, ¿se hacía el macho cabrío realmente culpable de los pecados que se le imponían sobre su cabeza? La respuesta debe ser «negativa», ya que la culpa no puede ser transferida de una persona a otra, ni de una persona a un animal. Por lo tanto, «el imponerlos sobre la cabeza del macho cabrío debe ser simbólico, representativo o ilustrativo.[13]

De aquí se sigue que no importa de qué expiación se tratara, no implicaba que el sustituto padeciera la misma clase de sufrimiento que tenía que soportar el culpable».[14]

Esta cita prueba que la culpa no puede ser transferida de una persona a otra, lo cual prueba también que el pecado no puede ser transferido de una persona a otra ni a un animal.

Así pues, ¿qué significa que el Sumo Sacerdote «impone los pecados que ha confesado sobre la cabeza del macho cabrío?» (Lv 16:21). Tiene que ser simbólico o representativo, ya que los pecados, o la culpa por los pecados, no puede ser transferida de una persona a otra. Y la ceremonia siguiente, después que el Sumo Sacerdote colocaba los pecados que él confesaba sobre la cabeza del macho cabrío, enviaba éste «al desierto por mano de un hombre adecuado» (Lv 16:21d). El siguiente versículo declara que:

> *Y aquel macho cabrío llevará sobre sí todas las iniquidades de ellos a tierra inhabitada; y dejará ir el macho cabrío por el desierto* (Lv 16:22).

De modo que ésta es una ilustración. El macho cabrío se llevaba sus pecados al desierto, donde era soltado y nunca se lo volvía a ver, entendiendo que lo mismo que desaparecía el macho cabrío, también desaparecían sus pecados, que él se llevaba consigo.

Más de cuatrocientos años después, David entendió la verdad encarnada por el macho cabrío que se llevaba sus pecados, y que expresó de esta manera:

> *Cuanto está lejos el oriente del occidente, hizo alejar de nosotros nuestras rebeliones.* (Sal 103:12).

Esta es una aplicación maravillosa de la verdad del macho cabrío enviado al desierto, en Levítico 16, que expresa el prodigio y la grandeza del perdón de Dios. Nuestros pecados no sólo se alejan de nosotros unos cuantos kilómetros, sino toda la distancia que media desde el este al oeste.

El resto de Levítico 16 se dedica a la actitud que deben mostrar los israelitas cuando les son perdonados los pecados inintencionados. Deben mostrarse humildes, arrepentidos y pensar en lo que tiene lugar en el tabernáculo, mientras el macho cabrío se aleja por el desierto. El Día de Expiación no era una fiesta, sino un día santo.

> *Y esto tendréis por estatuto perpetuo: En el mes séptimo, a los diez días del mes, afligiréis vuestras almas, y ninguna obra haréis, ni el natural ni el extranjero que mora entre vosotros. Porque en este día se hará expiación por vosotros, y seréis limpios de todos vuestros pecados delante de Jehová. Día de reposo es para vosotros, y afligiréis vuestras almas; es estatuto perpetuo* (Lv 16:29-31).

Resumamos la ofrenda por el pecado el Día de la Expiación.

- Sólo era por los pecados inintencionados.
- Mostraba que Dios no tuvo en mente que su pueblo cometiera pecados deliberados o intencionales.
- Perdonaba los pecados inintencionados cometidos durante el año que no hubieran sido recordados, por los que el individuo no hubiera presentado ofrenda.
- Se sacrificaba un macho cabrío, como el que se sacrificaba en las ofrendas por el pecado en las demás ocasiones, excepto en el Día de la Expiación.
- Con la imposición de manos sobre el otro macho cabrío, el que se soltaba en el desierto, los pecados confesados se echaban sobre el sacrificio. Esto es simbólico o representativo, ya que el animal no podía realmente ser culpable del pecado que se echaba sobre él.
- En el proceso, el pueblo debía estar arrepentido, ya que se trataba de sus pecados. Cotéjese Levítico 16:29 y 31.
- El animal era conducido al desierto, se llevaba sus pecados y

nunca se lo volvía a ver. Esta figura ilustraba que los pecados del pueblo de Israel habían sido perdonados.

- Por tanto, los hijos de Israel eran salvados por gracia por medio de la fe. La provisión de la ofrenda por el pecado en el Día de la Expiación era una provisión de gracia, y la actitud humilde y arrepentida del pueblo demostraba su fe.

En resumen, podemos decir que el precio principal por el pecado lo pagaba Dios, en tristeza y corazón quebrantado por los que pecan, porque él nos creó para multiplicar su amor y su carácter en el mundo. El pecado hace justamente lo contrario: viola su carácter y propaga el egoísmo en vez del amor, y retrasa el cumplimiento de su propósito en la tierra.

En segundo lugar, el precio del pecado recae sobre el pecador, ya que su riqueza se consume en los animales que debe ofrecer para ser perdonado. En nuestra sociedad moderna, ya no ofrecemos animales, pero pagamos un precio muy elevado por el pecado en forma de matrimonios y hogares rotos, alcoholismo y drogadicción, altos niveles de delincuencia, desviación sexual y violencia, corrupción empresarial y gubernamental, y muchas consecuencias que acarrea el pecado que afectan al que lo comete y a otros, lo que nos conduce a un tercer precio que hay que pagar por el pecado.

En tercer lugar, el precio del pecado lo pagan los más cercanos al pecador, como la esposa, los hijos, los vecinos, e incluso el país, porque a todos nos afecta el pecado.

CAPÍTULO 5

Pecados intencionales o deliberados

Puesto que las ofrendas por el pecado sólo se presentaban por los pecados inintencionados, ¿qué sucedía con los pecados intencionales o deliberados? Ya hemos concluido que las ofrendas por el pecado sólo hacían provisión por los pecados inintencionados y enseñado que ***Dios no tuvo en mente que su pueblo cometiera pecados intencionales o deliberados.***

El primer pecado sobre la tierra: comer del fruto del árbol del conocimiento del bien y del mal, fue un pecado deliberado. 1 Timoteo 2:14 explica que Eva fue engañada, pero no Adán, por lo tanto, él fue más responsable del primer pecado:

> *...y Adán no fue engañado, sino que la mujer, siendo engañada, incurrió en transgresión.*

Esto es lo que yo entiendo que ocurrió en el corazón de Adán cuando comió del fruto que Eva había tomado:

> *Y vio la mujer que el árbol era bueno para comer, y que era agradable a los ojos, y árbol codiciable para alcanzar la sabiduría; y tomó de su fruto, y comió; y dio también a su marido, el cual comió así como ella* (Gn 3:6).

Adán fue quien oyó claramente el mandato de Dios, expuesto en Génesis 2:16-17, porque Eva no había sido aún creada:

> *Y mandó Jehová Dios al hombre, diciendo: «De todo árbol del huerto podrás comer; mas del árbol de la ciencia del bien y del mal no comerás; porque el día que de él comieres, ciertamente morirás».*

Antes que Eva fuera creada, Adán ya había puesto nombre a los animales, pero «no halló ayuda idónea para él» (Gn 2:20). Luego Dios creó a Eva y es evidente que en ella la encontró. Cuando diserto acerca de este asunto, pregunto a mis alumnos qué piensan que dijo Adán cuando despertó de su sueño con Eva a su lado. Puesto que Dios es un Creador fabuloso, yo creo que Eva era la mujer más hermosa que jamás haya existido. Creo que Adán se prendó de ella y emitió una gran exclamación. Pero un poco más adelante, Eva violó el mandamiento que había recibido Adán en Génesis 2:16-17, y estoy convencido de que él pensó que iba a perder la bella esposa que Dios le había concedido. Debería haber tomado a Eva de la mano y dicho: «Vayamos al Padre para ver qué hemos de hacer ahora». Pero tuvo miedo de perder a su esposa, por lo que tomó del fruto. En este acto, él demostró que deseaba a Eva más que profesar continua obediencia a Dios. La transgresión de Adán fue, pues, un pecado de idolatría: dio prioridad a la criatura antes que al Creador en su corazón.

Tristemente, perdieron su inocencia, incurrieron en una conciencia culpable, descubrieron que estaban desnudos, y la culpabilidad les indujo a intentar esconderse de Dios. Otra consecuencia fue que su hermoso hogar, el jardín del Edén, fue contaminado de sangre, ya que Dios les proveyó vestidos de piel de animales para cubrir su desnudez. Los animales degollados para suplir vestidos para Adán y Eva fueron sacrificados, pero no fueron sacrificios como los que se ofrecieron después. Adán y Eva no sacrificaron voluntariamente aquellos animales; fue un acto de Dios. Fueron salvados de algunas de las consecuencias de su pecado por gracia, por medio de la fe. Dios les proporcionó, por gracia, material para cubrir su desnudez con el pellejo de algunos animales. Ellos aceptaron la cubierta que se les proporcionó mediante un acto de fe.

A partir de entonces, se empezaron a ofrecer sacrificios. La única evidencia bíblica de que disponemos son los sacrificios de Caín y Abel en Génesis 4, y el hecho de que Noé tomara animales, para ser específicamente sacrificados en el arca. Esto lo sabemos porque él tomó «siete parejas de animales limpios».

> *De todo animal limpio tomarás siete parejas, macho y su hembra; mas de los animales que no son limpios, una pareja, el macho y su hembra. También de las aves de los cielos, siete parejas, macho y hembra, para conservar viva la especie sobre la faz de la tierra* (Gn 7:2-3).

Estos animales limpios fueron los que él ofreció después del diluvio. Resulta también obvio que Dios dio instrucciones a Caín y Abel y les especificó los requisitos que debían cumplir sus ofrendas, porque las ofrendas de Abel agradaban a Dios, mientras que las de Caín no le agradaban. Sabemos que él les dio instrucciones, aunque ignoramos cuáles fueron.

Apenas sabemos cosa alguna del gobierno pre-diluviana. Pero sabemos que después del diluvio Dios instituyó la administración humana que incluía la pena capital.

> *El que derramare sangre de hombre, por el hombre su sangre será derramada; porque a imagen de Dios es hecho el hombre* (Gn 9:6).

Y este versículo nos informa que la pena capital fue instaurada porque el hombre fue hecho a imagen de Dios. A pesar del intento universal de eliminar la pena capital, este mandato bíblico nunca fue rescindido. Pero si analizamos las instrucciones que Dios dio a su nación adquirida de Israel, descubrimos que también otros pecados reclaman la pena capital además del asesinato de personas creadas a imagen de Dios. Cubriré solamente nueve crímenes concretos que incluye la Biblia en esta lista. Levítico 20 incluye seis de ellos.

En primer lugar, Levítico 20:1-5 prohíbe ofrecer hijos a Moloc. La Enciclopedia de la Biblia International Standard contiene la siguiente entrada:

> «Las víctimas ofrecidas a la divinidad no eran quemadas vivas, sino sacrificadas y después ofrecidas como holocaustos. "Pasar por el fuego" ha llegado a significar lustración o purificación del niño al fuego, sin que haya muerte. Pero los profetas condenaron claramente las matanzas, los sacrificios, y los lugares altos edificados para quemar niños en holocausto» (Jer 19:5; Ez 16:20, 21).

«La noción popular, plasmada para los lectores de inglés, mayormente por el "Moloc, rey horrible", de Milton, tal como se describe en El paraíso perdido, Libro I, deriva de los relatos de escritores griegos y latinos tardíos, especialmente el que proporciona Diodoro Sículo en su historia del Cronos cartaginés o Moloc. La imagen de Moloc era una figura humana con una cabeza de toro y brazos extendidos, lista para recibir los niños destinados al sacrificio. La imagen de metal se calentaba al rojo vivo con un fuego encendido en su interior, y los niños colocados entre sus manos caían en el horno que tenía justo debajo. Para ahogar el lloro de las víctimas, se tocaban flautas y tambores; y en derredor había madres que no lloraban ni sollozaban, para dar la impresión de que la ofrenda tenía carácter voluntario (para más detalles, véanse Los fenicios, de Rawlinson, 113 f).»[15]

Sin considerar los detalles concretos u omitiéndolos por completo, la ofrenda de los propios hijos a Moloc era una inmolación de infantes, una matanza de niños y uno de los rasgos distintivos de los pueblos cananeos del tiempo en que Israel conquistó Canaán, y este pecado particular fue asimilado por las costumbres israelitas hasta la cautividad de Babilonia. ¿Se ofrecen niños a Moloc actualmente? La mayoría de la gente diría que «No». ¿Se sacrifican niños hoy? Desde luego que ¡Sí! El aborto es hoy, esencialmente, el mismo pecado.

El segundo pecado capital de la lista se menciona en Levítico 20:6: *«Y la persona que atendiere a encantadores o adivinos, para prostituirse tras de ellos»*, el cual lo podemos resumir con la palabra «ocultismo».

El tercer pecado capital de la lista se menciona en Levítico 20:9: *«Todo hombre que maldijere a su padre o a su madre, de cierto morirá; a su padre o a su madre maldijo; su sangre será sobre él».*

Los tres últimos crímenes capitales mencionados en la lista de Levítico son pecados sexuales. El adulterio y el incesto se condenan en los versículos 10-12, 14, 17 y 19-21. La homosexualidad se condena en el versículo 13, y la bestialidad, es decir, el sexo entre un hombre (o mujer) y un animal, se condena en los versículos 15-16.

Levítico 24 incluye otros dos pecados capitales, el primero de los cuales es la blasfemia, que se resume en los versículos 10-16. Este pasaje, como también el tercer mandamiento (Ex 20:7), se usa normalmente para definir la blasfemia como «invocación del nombre de Dios en vano». Aunque esto es estrictamente cierto, Pablo expande el significado de la blasfemia en Romanos 2:17-24, e incluye la hipocresía. El segundo pecado capital en este capítulo es el asesinato (Lv 24:17).

Hay otro pecado específicamente mencionado como transgresión capital: el secuestro. Éste se menciona en Éxodo 21:16 y Deuteronomio 24:7. Esto hace un total de nueve pecados capitales específicamente mencionados. No obstante, los humanos somos genios en el uso de la letra de la ley para evitar o torcer el espíritu de la misma. Por tanto, Dios instituyó lo que yo llamo los pasajes «etcétera», que cubren todos los demás pecados intencionales o deliberados no específicamente mencionados para este nuevo pueblo de Dios, la nación de Israel. El primero es:

> *«Mas* ***la persona que hiciere algo con soberbia,*** *así el natural como el extranjero, ultraja a Jehová; esa persona será cortada de en medio de su pueblo.*[31] *Por cuanto tuvo en poco la palabra de Jehová, y menospreció su mandamiento, enteramente será cortada esa persona; su iniquidad caerá sobre ella»* (Nm 15:30-31).

El segundo es:

> *«No sea que haya entre vosotros varón o mujer, o familia o tribu, cuyo corazón se aparte hoy de Jehová nuestro Dios, para ir a servir a los dioses de esas naciones; no sea que haya en medio de vosotros raíz que produzca hiel y ajenjo, y suceda que* ***al oír las palabras de esta maldición, él se bendiga en su corazón, diciendo: Tendré paz, aunque ande en la dureza de mi corazón,*** *a fin de que con la embriaguez quite la sed. No querrá Jehová perdonarlo, sino que entonces humeará la ira de Jehová y su celo sobre el tal hombre, y se asentará sobre él toda maldición escrita en este libro, y Jehová borrará su nombre de debajo del cielo; y lo apartará Jehová de todas las tribus de Israel para mal, conforme a todas las maldiciones del pacto escrito en este libro de la ley»* (Dt 29:18-21).

Aunque hemos hecho hincapié en la posición de Israel durante el tiempo del establecimiento del sistema de sacrificios, que incluye las ofrendas por el pecado, examinemos un «pasaje etcétera» en el Nuevo Testamento: Romanos 1:28-32:

> *«Y como ellos no aprobaron tener en cuenta a Dios, Dios los entregó a una mente reprobada, para hacer cosas que no convienen; estando atestados de toda injusticia, fornicación, perversidad, avaricia, maldad; llenos*

> *de envidia, homicidios, contiendas, engaños y malignidades; murmuradores, detractores, aborrecedores de Dios, injuriosos, soberbios, altivos, inventores de males, desobedientes a los padres, necios, desleales, sin afecto natural, implacables, sin misericordia;* ***quienes habiendo entendido el juicio de Dios, que los que practican tales cosas son dignos de muerte, no sólo las hacen, sino que también se complacen con los que las practican****»*.

De estos pasajes en ambos Testamentos, se deduce que el pecado tiene que ver con el corazón. El pecado se manifiesta en múltiples actos externos, que cobran valor por los motivos y/o actitudes de la persona que los ejecuta. Es imposible dar un mandamiento que prohíba todo acto pecaminoso porque el mismo acto puede ser virtuoso o pecaminoso en función de los motivos del corazón de la persona que lo ejecuta. Por esta razón los denomino pasajes «etcétera».

CAPÍTULO 6

¿Pretendió Dios ser satisfecho con las ofrendas prescritas?

Dado que hemos determinado que las ofrendas por el pecado sólo se ofrecían por los pecados inintencionados, y que esto enseña que ***Dios no tuvo en mente que su pueblo cometiera pecados intencionales o deliberados***. ¿Qué cabe decir, pues, de los pecados intencionales o deliberados? ¿Podían ser perdonados? ¿O eran condenados automáticamente para siempre?

Tenemos un ejemplo clásico de esta cuestión en la vida de David. Cuando David era muy joven, y tenía probablemente dieciséis años, Dios le identificó como «un varón conforme a su corazón» (1 Sam 13:14). Después, durante doce años, David fue un fugitivo que tuvo que huir de Saúl, sobre todo por el sur de Judá, pero también a los países limítrofes. Por ese tiempo David dirigió un grupo de hombres que le siguieron en el exilio por el desierto. 1 Samuel 22:1-2 los describe:

> *Yéndose luego David de allí, huyó a la cueva de Adulam; y cuando sus hermanos y toda la casa de su padre lo supieron, vinieron allí a él. Y se juntaron con él todos los afligidos, y todo el que estaba endeudado, y todos los que se hallaban en amargura de espíritu, y fue hecho jefe de ellos; y tuvo consigo como cuatrocientos hombres.*

Estos hombres fueron «los valientes de David», después de dirigirles (y disciplinarles durante los doce años que pasó en el exilio). Los valientes se mencionan en 2 Samuel 23:8-39 y 1 Crónicas 11:10-47. Después, cuando David fue rey, a los 30 años, muchos de estos hombres pasaron a ser líderes del ejército y la administración de David. En la lista de los valientes de David figuraban Eliam, hijo de Ahitofel, gilonita (2 Sam 23:24), y Urías heteo (2 Sam 23:39). No se menciona específicamente si Ahitofel era uno de los que estaban con David en el exilio, pero fue su consejero después que David fue ungido rey. El cargo de consejero del rey sería el de mayor confianza en su administración, por lo que asumo que Ahitofel estuvo con David durante sus doce años de exilio, de suerte que habría tenido oportunidad de que éste le conociera.

Como unos veinte años después, David tendría cincuenta años, y se quedó en casa cuando su ejército salió a la guerra. Por ese tiempo, vio una mujer hermosa bañándose en una azotea, y envió siervos para preguntar quién era (2 Sam 11:3). Éstos volvieron y le informaron que era la hija de Eliam, mujer de Urías y nieta de Ahitofel, tres hombres con quienes David tenía estrecha relación. Entonces el rey David cometió adulterio, no violándola sólo a ella, sino también a tres de sus amistades más íntimas y duraderas. He oído decir a algunos que David hizo eso cuando aún era un hombre conforme al corazón de Dios. Pero no; él no podía ser un hombre conforme al corazón de Dios cuando cometió este pecado.

> *Mas esto que David había hecho, fue desagradable ante los ojos de Jehová* (2 Sam 11:27b).

> *¿Por qué, pues, tuviste en poco la palabra de Jehová, haciendo lo malo delante de sus ojos? A Urías heteo heriste a espada, y tomaste por mujer a su mujer, y a él lo mataste con la espada de los hijos de Amón. Por lo cual ahora no se apartará jamás de tu casa la espada, por cuanto me menospreciaste, y tomaste la mujer de Urías heteo para que fuese tu mujer.* (2 Sam 12:9-10).

¿Cuántos somos conscientes de que menospreciamos el mandato del Señor y al Señor mismo cuando cometemos un pecado deliberado, intencional?

Cuando Betsabé descubrió que estaba embarazada, David emprendió una acción engañosa. Mandó a buscar a Urías con la intención de que viniera a su casa y tuviera relaciones sexuales con su esposa para que creyese que el niño que iba a nacer era suyo. No obstante, Urías era más íntegro que David y rehusó hacer tal cosa porque su ejército aún estaba en el campo de batalla. Cuando David supo que Urías no había ido a su casa, envió una carta a Joab, otro de sus valientes, comandante de su ejército, para poner a Urías en lo más recio de la batalla para que cayera. El plan tuvo éxito y Urías fue muerto. Cuando se cumplió el tiempo de luto, David envió por Betsabé y la tomó por esposa.

Cuando el bebé estaba a punto de nacer, casi nueve meses después de haberse cometido el pecado de adulterio, Dios envió a Natán a David para resolver el problema. El caso se relata en 2 Samuel 12. David se declaró convicto por su propia boca, y Natán declaró a David que con su conducta había menospreciado el mandamiento del SEÑOR y aun al SEÑOR mismo. Le comunicó que era culpable de dos pecados intencionales, deliberados: adulterio y asesinato (2 Samuel 12:9). Con lo que surge la pregunta: «¿Podía David ser perdonado por estos dos pecados deliberados?».

La respuesta llega en 2 Samuel 12:13. Después que Natán declaró lisa y llanamente el pecado de David, éste reaccionó confesando: «Pequé contra Jehová». Puedo imaginarme a David levantando sus manos y reconociendo su pecado. Entonces, el profeta Natán le da una respuesta asombrosa: «También Jehová ha remitido tu pecado; no morirás». Esto es un eufemismo hebreo que significa: «Dios te ha perdonado». Pero, ¿cómo es esto posible sin presentar una ofrenda por el pecado?

Afortunadamente, tenemos una copia de la oración de arrepentimiento que hizo David en aquella ocasión, probablemente en los siete días siguientes de ayuno y oración delante del Señor por la vida de su hijo recién nacido (2 Sam 12:16-17). Esta oración fue escrita para nosotros en el Salmo 51. Yo creo que los versículos 16 y 17 del Salmo 51 son los dos textos bíblicos más importantes en relación con el arrepentimiento:

> *Porque no quieres sacrificio, que yo lo daría; no quieres holocausto. Los sacrificios de Dios son el espíritu quebrantado; al corazón contrito y humillado no despreciarás tú, oh Dios.*

David da a entender aquí que el sacrificio, que supone la muerte de animales inocentes, no es lo que Dios quiere. Lo que él quiere es un cambio de corazón del pecador, una completa inversión de la actitud que le condujo al pecado en cuestión. David dice aquí que si Dios deseara un sacrificio, entonces lo ofrecería. Sin embargo, lo que Dios desea es una transformación del corazón egoísta que arrastró al pecado, cuyo efecto será que la persona que pecó ya no pecará más. Y como Dios no tuvo en mente que su pueblo cometiera pecados deliberados o intencionales, este es el objetivo que Dios tiene en mente. De manera que David declara en su oración que el propósito de Dios ha sido cumplido en su corazón sin sacrificio.

Una cosa está clara. Si el sacrificio no es lo que Dios quiso en el caso de David, dado que Dios es inmutable, nunca habrá sido lo que él quiere. Pero en la revelación progresiva que despliega la Biblia, esta es la primera vez que la intención de Dios se hace cristalina.

Esto nos acerca a la cuestión clave. Si Dios nunca quiso los sacrificios que fueron prescritos en las ofrendas por el pecado, ¿qué era lo que quería? A partir de la inspirada declaración de David, en Salmos 51:16-17, sabemos que él deseaba la transformación del corazón egoísta que había arrastrado al pecado. Sólo entonces pudo él razonablemente perdonar el pecado. Pero ¿cómo? ¿Podrá entonces ser perdonado un criminal entregado a seguir cometiendo sus crímenes?

Esto lleva a varias conclusiones. La expiación, el sacrificio de un animal inocente (en la mayoría de los casos) era el método que Dios señaló como sustitución por el castigo. La muerte, el castigo por el pecado, era lo que uno merecía, pero la Biblia deja claro que Dios no desea llevar a efecto el castigo merecido:

> *¿Quiero yo la muerte del impío? dice Jehová el Señor. ¿No vivirá, si se apartare de sus caminos?* (Ez 18:23).

> *Porque no quiero la muerte del que muere, dice Jehová el Señor; convertíos, pues, y viviréis* (Ez 18:32).

1 Juan 3:4 califica el pecado de desobediencia, y la persona que peca quebranta la ley de Dios, voluntaria o inintencionadamente. Dios desea la reforma de la persona que ha traspasado su ley para poder perdonarla y restaurarla según el propósito original que él tiene para ella, esto es, la multiplicación de su amor y su carácter en el mundo.

Esto también nos permite entender el propósito de los sacrificios, especialmente, las ofrendas por el pecado. Cuando la persona que cometía pecado inintencionado se daba cuenta que tenía que ofrecer uno de sus animales valiosos —parte de su riqueza— y sacrificarlo para expiar su pecado, debía obviamente tener la misma actitud de corazón que la expresada en el Salmo 51:16-17:

> *«Porque no quieres sacrificio, que yo lo daría; no quieres holocausto.* ***Los sacrificios de Dios son el espíritu quebrantado; al corazón contrito y humillado no despreciarás tú, oh Dios»****.*

De aquí se sigue que si los que llevaban la ofrenda por el pecado sólo lo hacían impulsados por un sentido del deber, sin tener el corazón compungido por su pecado, sus ofrendas no cumplían su propósito, y este es el estado que describe Isaías 29:13:

> *«Dice, pues, el Señor: Porque este pueblo se acerca a mí con su boca, y con sus labios me honra,* **pero su corazón está lejos de mí***, y su temor de mí no es más que un mandamiento de hombres que les ha sido enseñado».*

Este es el mensaje que impregna toda la Biblia, tanto el Antiguo como el Nuevo Testamento. Dios no quiere que su pueblo cometa pecado deliberado o intencional, y ha establecido un método para mostrarnos cuánto desaprueba el pecado, un método que nos advierte cuán alto precio lleva anejo un acto pecaminoso, o una vida de pecado. Considere lo siguiente en Miqueas 6:6-8:

> *¿Con qué me presentaré ante Jehová, y adoraré al Dios Altísimo? ¿Me presentaré ante él con holocaustos, con becerros de un año? ¿Se agradará Jehová de millares de carneros, o de diez mil arroyos de aceite?* ***(Los sacrificios, incluidas las ofrendas por el pecado, eran sencillamente un expediente administrativo para educar al pueblo tocante al alto precio del pecado y su destructividad.)*** *¿Daré mi primogénito por mi rebelión, el fruto de mis entrañas por el pecado de mi alma? Oh hombre, él te ha declarado lo que es bueno, y qué pide Jehová de ti: solamente hacer justicia, y amar misericordia, y humillarte ante tu Dios.*

Considere también:

> *¿Para qué a mí este incienso de Sabá, y la buena caña olorosa de tierra lejana? Vuestros holocaustos no son aceptables, ni vuestros sacrificios me agradan* (Jer 6:20). ***(Puesto que Dios es el autor del sistema de sacrificios, la única razón por la que éstos no le eran aceptables es la motivación incorrecta del corazón.)***

¿Qué derecho tiene mi amada en mi casa, habiendo hecho muchas abominaciones? ¿Crees que los sacrificios y las carnes santificadas de las víctimas pueden evitarte el castigo? ¿Puedes gloriarte de eso? (Jer 11:15). ***(Es decir, Dios les estaba advirtiendo que no podían cometer actos viles o lascivos, presentar una ofrenda por el pecado y seguir como si nada, sin un cambio de corazón. ¿Podemos cometer actos viles hoy, sostener que tenemos a Cristo como ofrenda por el pecado y asumir que todo irá bien?)***

El sacrificio de los impíos es abominación a Jehová; mas la oración de los rectos es su gozo (Pr 15:8). ***(Por tanto, el corazón y el motivo dan valor al sacrificio y a la oración.)***

Del pecado de mi pueblo comen, y en su maldad levantan su alma (Os 4:8). ***(Esto requiere un breve comentario del contexto para entenderlo mejor. Es una reprimenda a los sacerdotes de israel, que se supone debían enseñar al pueblo y representarlo ante Dios. Por tanto, debían haberle enseñado y animado a no pecar, en cuyo caso el pueblo habría llevado menos ofrendas al templo, y las porciones de los sacerdotes habrían sido menores. Por el contrario, hicieron de los pecados del pueblo un negocio lucrativo.)***

Y Samuel dijo: ¿Se complace Jehová tanto en los holocaustos y víctimas, como en que se obedezca a las palabras de Jehová? Ciertamente el obedecer es mejor que los sacrificios, y el prestar atención que la grosura de los carneros (1 Sam 15:22).

Sacrificio y ofrenda no te agrada; has abierto mis oídos; holocausto y expiación no has demandado (Sal 40:6). (Estas son palabras de David que expresan los mismos principios que el Salmo 51:16-17.) Hebreos 10:5-10 también menciona el Salmo 40:6 aplicado al Señor Jesucristo.

Además, si observamos la historia de Israel, veremos que Dios les entregó la ley moral y el sistema de sacrificios después de dejar atrás la esclavitud en Egipto, en torno al año 1445 a.C. La nación siguió practicando la religión revelada, con muchos periodos de juicio y avivamiento, hasta la muerte de Salomón, acaecida aproximadamente en 930 a.C. Por ese tiempo, la nación se dividió; diez tribus siguieron a Jeroboam y formaron el reino del norte, o Israel, y las dos tribus restantes, Judá y Benjamín, el reino del sur, o Judá. Poco después, Jeroboam diseñó una religión sustitutiva, falsa, imitando el modelo de la religión que Dios había revelado a Moisés, pero falsa en cuatro aspectos: becerros de oro en lugar de Dios, Dan y Betel en vez de Jerusalén, sacerdotes de todas las tribus, en vez de la tribu de Leví, y una fiesta el octavo mes, en vez de la fiesta del mes séptimo, que era el Día de la Expiación. Este desarrollo se resume en 1 Reyes 12:25-33:

> *Entonces reedificó Jeroboam a Siquem en el monte de Efraín, y habitó en ella; y saliendo de allí, reedificó a Penuel. Y dijo Jeroboam en su corazón: Ahora se volverá el reino a la casa de David, si este pueblo subiere a ofrecer sacrificios en la casa de Jehová en Jerusalén; porque el corazón de este pueblo se volverá a su señor Roboam rey de Judá, y me matarán a mí, y se volverán a Roboam rey de Judá. Y habiendo tenido consejo, hizo el rey dos becerros de oro, y dijo al pueblo: Bastante habéis subido a Jerusalén; he aquí tus dioses, oh Israel, los cuales te hicieron subir de la tierra de Egipto. Y puso uno en Bet-el, y el otro en Dan. Y esto fue causa de pecado; porque el pueblo iba a adorar delante de uno hasta Dan. Hizo también casas sobre los lugares altos, e hizo sacerdotes de entre el pueblo, que no eran de los hijos de Leví. Entonces instituyó Jeroboam fiesta solemne en el mes octavo, a los quince días del mes, conforme a la fiesta solemne que se celebraba en Judá; y sacrificó sobre un altar. Así hizo en Bet-el, ofreciendo sacrificios a los becerros que había hecho. Ordenó también en Bet-el sacerdotes para los lugares altos que él había fabricado. Sacrificó, pues, sobre el altar que él había hecho en Bet-el, a los quince días del mes octavo, el mes que él había inventado de su propio corazón; e hizo fiesta a los hijos de Israel, y subió al altar para quemar incienso.*

Aunque Jeroboam edificó la nación de Israel sobre un fundamento falso, Dios fue fiel, y les envió de continuo profetas que llamaron al pueblo al arrepentimiento. No obstante, la nación sólo duró 208 años, hasta la cautividad de Babilonia, acaecida en el año 722 a.C. Alrededor del 760 a.C., Dios envió al profeta Amós a Israel para llamar una vez más a la nación al arrepentimiento. Como parte de su cometido, Dios, por medio de Amós, evaluó la religión falsa de Israel por aquel tiempo. Esta evaluación se hace en Amós 5:21-24:

> *Aborrecí, abominé vuestras solemnidades, y no me complaceré en vuestras asambleas. Y si me ofreciereis vuestros holocaustos y vuestras ofrendas, no los recibiré, ni miraré a las ofrendas de paz de vuestros animales engordados. Quita de mí la multitud de tus cantares, pues no escucharé las salmodias de tus instrumentos. Pero corra el juicio como las aguas, y la justicia como impetuoso arroyo.*

Cuando leí este pasaje, me di cuenta que Dios evalúa toda nuestra adoración, todos nuestros cultos de iglesia y todas nuestras actitudes y motivos de corazón. De modo que aunque los detalles del culto sean importantes, los aspectos más importantes de cualquier asamblea religiosa son los motivos, o intenciones, de los que participan en los cultos religiosos. ¡Cuán transformadora sería esta idea para todos nosotros si la tuviéramos presente!

Dios usó a Amós para evaluar la religión de Israel, pero también usó a Isaías, contemporáneo de Amós, para evaluar la religión de Judá, basada en la revelación dada a Moisés, la verdadera religión revelada de los judíos. Esta evaluación se hace en Isaías 1:10-15:

> *Príncipes de Sodoma, oíd la palabra de Jehová; escuchad la ley de nuestro Dios, pueblo de Gomorra. ¿Para qué me sirve, dice Jehová, la multitud de vuestros sacrificios? Hastiado estoy de holocaustos de carneros y de sebo de animales gordos; no quiero sangre de bueyes, ni de ovejas, ni de machos cabríos. ¿Quién demanda esto de vuestras manos, cuando venís a presentaros delante de mí para hollar mis atrios? No me traigáis más vana ofrenda; el incienso me es abominación; luna nueva y día de reposo, el convocar asambleas, no lo puedo sufrir; son iniquidad vuestras fiestas solemnes. Vuestras lunas nuevas y vuestras fiestas solemnes las tiene aborrecidas mi alma; me son gravosas; cansado estoy de soportarlas. Cuando extendáis vuestras manos, yo esconderé de vosotros mis ojos; asimismo cuando multipliquéis la oración, yo no oiré; llenas están de sangre vuestras manos.*

Así pues, la evaluación divina de la religión verdadera de Judá por medio de Isaías es similar a la de la religión falsa de Israel por medio de Amós. El sacrificio y la oración, en este contexto, carecen completamente de valor para Dios, porque «llenas están de sangre vuestras manos». Es decir, sus actos no corresponden a sus sacrificios y oraciones; sus corazones no han cambiado. Esto se resume en la conclusión de este pasaje, donde Dios enfatiza lo que espera de ellos en Isaías 1:16-17:

> *Lavaos y limpiaos; quitad la iniquidad de vuestras obras de delante de mis ojos; dejad de hacer lo malo; aprended a hacer el bien; buscad el juicio, restituid al agraviado, haced justicia al huérfano, amparad a la viuda.*

Resumamos lo que hemos venido diciendo hasta aquí. Dios quiso que todos los que él creó a su imagen multiplicarán su amor y su carácter en la tierra. La irrupción del pecado en la raza humana violó ese propósito. De manera que para hacer una demostración visible del alto precio y la destructividad del pecado, Dios instituyó las ofrendas por el pecado. Éstas eran solamente por los pecados inintencionados, o pecados de ignorancia. Esto ilustró un principio: que Dios nunca tuvo en mente que su pueblo cometiera pecados intencionales o deliberados.

Por la experiencia de David, entendemos la clase de sacrificio que Dios realmente quería: «Los sacrificios de Dios *son* el espíritu quebrantado; al corazón contrito y humillado no despreciarás tú, oh Dios» (Sal 51:17). Por lo cual, he aquí una definición básica del arrepentimiento, el cambio de mente que debe preceder al perdón de pecados. Esto implica que el propósito de la ofrenda por el pecado fue determinar el alto precio del mismo, llevar al pecador a adoptar «un espíritu quebrantado, un corazón contrito y humillado». Este principio se declara vez tras vez a lo largo del Antiguo Testamento.

También, hemos aprendido mucho del Día de la Expiación, explicado en Levítico 16. Se sacrificaba un macho cabrío, según el modelo regular de la ofrenda por el pecado, y su sangre era rociada sobre el propiciatorio que estaba en el Lugar Santísimo. Esto es similar a la ofrenda regular por el pecado, excepto que la sangre era introducida en el Lugar Santísimo en vez de ser esparcida sobre el altar del holocausto. Luego, los pecados inintencionados del pueblo de Israel se ponían simbólicamente sobre la cabeza del macho cabrío vivo, para ser guiado al desierto y soltado para no volver a ser visto. Esta es una ilustración del perdón, para mostrar al pueblo que sus pecados eran llevados lejos, es decir, eran perdonados. La consecuencia del perdón es que quedaba restaurada la comunión o relación con Dios.

De la experiencia de David podemos deducir que lo más importante no era el animal ofrecido como expiación por el pecado; esto era sólo un medio para un fin. Este fin era el verdadero arrepentimiento en el corazón de la persona que había pecado, para que Dios la perdonara justificadamente. Por lo tanto, la expiación lograba más en la vida del pecador de lo que habría logrado la ejecución del castigo. Si se hubiera ejecutado el castigo, el pecador habría muerto, y no habría habido esperanza de restauración para llevar a cabo el propósito para el que Dios le había creado.

Ilustraré esto con una experiencia de mi propia vida. Desde mi juventud yo viví en el pecado, intenté satisfacerme a mí mismo, y tuve en poca estima a Dios. Y esto a pesar del hecho de que muchos de los que me conocían me consideraran un «buen chico». Cuando tenía veintiún años, sentía constante intranquilidad. No entendía por qué, pero después descubrí que esa desazón era debida a la culpabilidad que sentía por mis pecados. El Espíritu Santo me recordaba constantemente mi culpa (aunque no me daba cuenta por aquel entonces, y lo hubiera negado si se me hubiera reprochado); ésta era la causa de mi constante inquietud e intranquilidad. Dios habría sido justo si me hubiera arrebatado la vida porque yo había pecado. No obstante, me había creado a su imagen, y se había propuesto multiplicar su amor y su carácter en mi pequeña parcela del universo, y además, me amaba. De modo que cuando oí el mensaje del evangelio, que Jesús había muerto en la cruz para procurar a Dios una manera de perdonarme, el mensaje correspondió con la culpa que ya sentía en mi corazón. Esto se llama convicción. Respondí a la llamada del altar, y cuando me puse de rodillas, la culpa, la inquietud y la intranquilidad desaparecieron. Me sentí limpio; sabía que había sido perdonado.

De esto hace cincuenta y ocho años. En ese tiempo he desplegado una vida piadosa (con algunos fracasos, especialmente en los comienzos de mi vida cristiana) y muchas personas han sido bendecidas por mi vida y ministerio. El mundo es un lugar mejor que el que habría sido si Dios me hubiera arrebatado la vida por causa de mi pecado. Mi esposa ha tenido una vida mucho mejor de lo que habría tenido si yo no hubiera sido perdonado y transformado. Mis hijos y nietos son mayoritariamente creyentes comprometidos, y algunos están involucrados en el ministerio cristiano. Muchas personas han sido influidas positivamente por mi vida. Se ha cosechado un beneficio en el universo gracias al provecho que acarreó mi salvación personal.

La experiencia y el testimonio de David muestran que la gracia de Dios se extiende más allá del pecado inintencionado hasta alcanzar el pecado intencional. En el caso de David, esto se logró sin una ofrenda específica por el pecado. No obstante, en el Nuevo Pacto, Jesús cumplió el propósito que cumplía la ofrenda por el pecado en el Antiguo Testamento, excepto que su sacrificio fue por todos los pecados, tanto intencionales como inintencionados. Su muerte en la cruz como expiación por nuestros pecados logró lo siguiente:

- La persona debe tener un corazón quebrantado por sus pecados pasados para que Dios le pueda perdonar justificadamente.
- La persona perdonada debe respetar la ley de Dios, y proponerse no volver a pecar nunca más.

- Su vida a partir de su perdón consiste en honrar a su Creador, y multiplicar el amor y el carácter de Dios en la tierra.

¿Puede vislumbrar que se obtiene un tremendo provecho en el universo por cada vida que deja atrás el pecado y es transformada en obediencia y santidad?

CAPÍTULO 7

Cristo, ofrenda definitiva por el pecado

El Nuevo Testamento muestra que Jesús realizó cumplidamente las ofrendas por el pecado que se hacían en el Antiguo Testamento, entregándose como ofrenda por el pecado de todos nosotros desde la cruz en adelante.

El primer pasaje bíblico que declara que Jesús fue ofrenda por nuestro pecado es Romanos 8:3. Cito el mismo versículo en cuatro versiones para captar el sentido.

> *«Porque lo que era imposible para la ley, por cuanto era débil por la carne, Dios, enviando a su Hijo en semejanza de carne de pecado y* ***a causa del pecado****, condenó al pecado en la carne»* (Ro 8:3 RV60).

> *«Pues lo que la ley no pudo hacer, ya que era débil por causa de la carne, Dios lo hizo: enviando a su propio Hijo en semejanza de carne de pecado y* ***como ofrenda por el pecado****, condenó al pecado en la carne»* (Ro 8:3 LBLA).

> *«En efecto, la ley no pudo liberarnos porque la naturaleza pecaminosa anuló su poder; por eso Dios envió a su propio Hijo en condición semejante a nuestra condición de pecadores, para que se ofreciera* ***en sacrificio por el pecado****. Así condenó Dios al pecado en la naturaleza humana»* (Ro 8:3 NVI).

> *«La ley de Moisés no podía salvarnos, porque nuestra naturaleza pecaminosa es débil. Así que Dios hizo lo que la ley no podía hacer. Él envió a su propio Hijo en un cuerpo como el que nosotros los pecadores tenemos; y en ese cuerpo, Dios declaró el fin del dominio que el pecado tenía sobre nosotros mediante la entrega de su Hijo* ***como sacrificio por nuestros pecados»*** (Ro 8:3 NTV).

Estas cuatro versiones dan a entender que Jesús se hizo ofrenda por el pecado en cuatro frases distintas: «a causa del pecado» (RV60), «como ofrenda por el pecado» (LBLA), «en sacrificio por el pecado» (NVI), o «como sacrificio por nuestros pecados» (NTV).

El resto del contexto inmediato (Ro 8:1-4) es edificante:

> *«Ahora, pues, ninguna condenación hay para los que están en Cristo Jesús, los que no andan conforme a la carne, sino conforme al Espíritu. Porque la ley del Espíritu de vida en Cristo Jesús me ha librado de la ley del pecado y de la muerte. Porque lo que era imposible para la ley, por cuanto era débil por la carne, Dios, enviando a su Hijo en semejanza de carne de pecado y a causa del pecado, condenó al pecado en la carne;* ***para que la justicia de la ley se cumpliese en nosotros, que no andamos conforme a la carne, sino conforme al Espíritu».***

Es decir, el sacrificio de Jesús como ofrenda por nuestro pecado ha conseguido lo que previó la ley: el cristiano vive ahora según el justo requerimiento de la ley, lo que implica que la ofrenda por el pecado, que fue el Señor Jesucristo en la cruz, ha cumplido su propósito. Ha conseguido el fruto que David entendió en el Salmo 51:17: *«Los sacrificios de Dios son el espíritu quebrantado; al corazón contrito y humillado no despreciarás tú, oh Dios»*. De donde se sigue que un corazón contrito y humillado por los pecados pasados conduce al perdón y a una vida de santidad, a evitar el pecado y a la búsqueda activa de Dios.

La imagen se expande por la visión de Juan en Apocalipsis 5:2-6:

> *«Y vi a un ángel fuerte que pregonaba a gran voz: ¿Quién es digno de abrir el libro y desatar sus sellos? Y ninguno, ni en el cielo ni en la tierra ni debajo de la tierra, podía abrir el libro, ni aun mirarlo. Y lloraba yo mucho, porque no se había hallado a ninguno digno de abrir el libro, ni de leerlo, ni de mirarlo. Y uno de los ancianos me dijo: No llores. He aquí que el León de la tribu de Judá, la raíz de David, ha vencido para abrir el libro y desatar sus siete sellos. Y miré, y vi que en medio del trono y de los cuatro seres vivientes, y en medio de los ancianos, estaba en pie* **un Cordero como inmolado***, que tenía siete cuernos, y*

> *siete ojos, los cuales son los siete espíritus de Dios enviados por toda la tierra».*

El segundo pasaje de Escritura que declara que Jesús se ofreció por nuestro pecado es mucho más explícito. Se halla en 2 Corintios 5:21:

> *Al que no conoció pecado, por nosotros lo hizo pecado, para que nosotros fuésemos hechos justicia de Dios en él.*

Este versículo fue usado durante mi formación para enseñarme que cuando Jesús fue a la cruz se hizo realmente «pecado» por nosotros. Esta idea procede de la concepción de la expiación como pago comercial o exacto; postula que cuando Jesús estaba en la cruz, Dios le cargó realmente (le imputó) los pecados de los que serían salvos por sus méritos, y que Dios castigó todos esos pecados en Jesús mientras él estaba en la cruz. Una lectura sumaria de este versículo parece confirmar esta concepción. Yo he oído a predicadores decir: «Jesús no sólo murió por el pecado, sino que se hizo pecado». Yo no sé si habré declarado alguna vez estas palabras, pero esto fue lo que me enseñaron, lo que creí y lo que prediqué. Oí incluso a un famoso predicador en la radio y la televisión sostener que Jesús, mientras estuvo en la cruz, fue la persona más pecadora que jamás haya vivido, porque fue culpable de todos los pecados que se han cometido y se cometerán. Pero yo siempre me sentí incómodo con este concepto, porque todo texto que describe a Jesús, por lo que se refiere a su carácter moral, aclara que él fue santo y sin pecado.

> *«Y se dispuso con los impíos su sepultura, mas con los ricos fue en su muerte;* ***aunque nunca hizo maldad, ni hubo engaño en su boca»***. (Is 53:9).

> *«¿**Quién de vosotros me redarguye de pecado**? Pues si digo la verdad, ¿por qué vosotros no me creéis?»* (Juan 8:46).

> *«**Al que no conoció pecado,** por nosotros lo hizo pecado, para que nosotros fuésemos hechos justicia de Dios en él»* (2 Co 5:21).

> *«Porque no tenemos un sumo sacerdote que no pueda compadecerse de nuestras debilidades, sino uno que* ***fue tentado en todo según nuestra semejanza, pero sin pecado»*** (Heb 4:15).

«Porque tal sumo sacerdote nos convenía: ***santo, inocente, sin mancha, apartado de los pecadores****, y hecho más sublime que los cielos»* (Heb 7:26).

«...sino con la sangre preciosa de Cristo, como de un cordero ***sin mancha y sin contaminación»*** (1 Pe 1:19).

*«...****el cual no hizo pecado****, ni se halló engaño en su boca»* (1 P 2:22).

«Y sabéis que él apareció para quitar nuestros pecados, y ***no hay pecado en él»*** (1 Jn 3:5).

Hace algunos años leí las epístolas de Pablo, comentadas por F.F. Bruce, y la nota anexa a 2 Corintios 5:21 me llamó profundamente la atención: «Pablo escribe como un autor bien versado en la Biblia hebrea, en la que la misma palabra sirve para designar el «pecado» y la «ofrenda por el pecado»... (*cotéjese* Romanos 8:3).[17]

Inmediatamente me di cuenta de que si lo que Bruce decía era cierto, ello representaba un cambio monumental del significado que yo había entendido que encerraba este versículo. De modo que decidí investigar, ya que nunca había oído nada parecido.

Lo primero que hice fue acudir a la Biblia hebrea, Éxodo 29:14, primer texto bíblico en el que aparece la expresión «ofrenda por el pecado»:

> ***Pero la carne del becerro, y su piel y su estiércol, los quemarás a fuego fuera del campamento; es ofrenda por el pecado***. (La palabra hebrea *chatta'ah* traducida por «ofrenda por el pecado», significa pecado. En este caso, el contexto exige traducirla por «ofrenda por el pecado».)

En este versículo, la versión Septuaginta, traduce la palabra *chatta'ah* por la palabra griega *hamartias*, que es una forma griega básica para pecado y se traduce por «ofrenda por el pecado».

Éxodo 29:36 es la siguiente referencia que contiene la forma «ofrenda por el pecado», y usa la misma palabra hebrea, *chatta'ah*, exactamente igual que en Ex 29:14.

> La versión Septuaginta traduce la palabra *chatta'ah* de este versículo por la palabra griega *hamartias*, que es una forma griega básica para pecado y también se traduce por «ofrenda por el pecado».

Examiné toda la lista de versículos del Antiguo Testamento en hebreo para comprobar, sin lugar a dudas, si la declaración de F. F. Bruce era verdadera. Luego contrasté cada versículo con los de la Septuaginta, que es la versión griega del Antiguo Testamento. Descubrí que esto era cierto en la siguiente lista de versículos:

Éxodo, capítulo 29:14, 36.

Levítico, capítulo 4:3, 8, 20, 21, 24, 25, y 29, dos veces, 33 y 34; capítulo 5:6, 7, 8, 9 dos veces, 12; capítulo 6:17, 25, 30; capítulo 7:7, 37; capítulo 8:2, 14 dos veces; capítulo 9:2, 3, 7, 8, 10, 15, 22; capítulo 10:16, 17, 19 dos veces; capítulo 12:6, 8; capítulo 14:13 dos veces, 19, 22, 31; capítulo 15:15, 30; capítulo 16:3, 5, 6, 9, 11 dos veces, 15, 25, 27, dos veces; capítulo 23:19.

Números, capítulo 6:11, 14, 16; capítulo 7:16, 22, 28, 34, 40, 46, 52, 58, 70, 76, 82, 87; capítulo 8:8, 12; capítulo 15:24, 25, 27; capítulo 18:9; capítulo 28:15, 22; capítulo 29:5, 11, 16, 22, 25, 28, 31, 34, 38.

2 Crónicas, capítulo 29:21, 23.

Esdras, capítulo 6:17; capítulo 8:35.

Nehemías, capítulo 10:33.

Ezequiel, capítulo 43:19, 22, 25; capítulo 44:29; capítulo 45:17, 22, 23, 25.

Esto hace un total de 102 ocasiones.

Después de esto, descubrí las siguientes citas de varios eruditos:

Adam Clarke comenta: «…significa *ofrenda o sacrificio por el pecado*, y responde al *chattaah* y *chattath* del texto hebreo; que significa en ambos casos *pecado y ofrenda por el pecado* en gran variedad de textos del Pentateuco. La Septuaginta traduce al griego la palabra hebrea por ἁμαρτια (hamartia) en noventa y cuatro (94) ocasiones, en Éxodo, Levítico y Números, donde quiere decir *ofrenda por el pecado*; y donde la versión (KJV, Versión del Rey Jaime) no traduce la palabra por *pecado*, sino por *ofrenda por el pecado*». Luego sigue diciendo: «Por ello, se ve claramente que el significado de la palabra en este versículo es *ofrenda por el pecado*, no *pecado*. Anotaré los textos de la *Septuaginta* en los que aparece la palabra; y donde corresponde a las palabras hebreas ya mencionadas; y donde nuestros traductores han vertido correctamente lo que otros traducen incorrectamente».[18] Después propone una lista de 108 casos, seis más de los que yo hallé ayudado por la concordancia.

Harris comenta: «Hay tres formas principales de entender la primera parte del versículo (2 Co 5:21), en particular la segunda acepción de ἁμαρτια (*hamartia*), «pecado»...: (1) Tratado como si fuera un pecador, Cristo se hizo objeto de la ira de Dios y cargó con el pecado y la culpa del pecado.[19] (2) Cuando Cristo, en su encarnación, tomó naturaleza humana «a semejanza de carne de pecado» (Ro 8:3), Dios le hizo «pecado». (3) Al hacerse sacrificio por el pecado, Cristo fue hecho pecado. La base de la primera acepción es la idea de sustitución; la de la segunda, la noción de participación; y la de la tercera, el concepto de sacrificio del AT.

«Aunque, como observa Sabourin, el término hebreo *chattath* puede significar tanto «pecado» como «sacrificio (u ofrenda) por el pecado», da la impresión de que Pablo quiso decir que Cristo fue hecho ofrenda por el pecado, no tanto que fuera hecho pecador.»[20]

Sauer comenta: «Tan profunda fue la idea de sustitución impresa con antelación en el Antiguo Testamento que a veces se usa una única palabra para *pecado* y *ofrenda por el pecado* (Heb CHATAAH). En Ex 34:7 y 1 S 2:17 esta palabra significa *pecado*; en Nm 32:23 e Is 5:18, el *castigo* del pecado;[21] y en Lv 6:18, 23 y Ez 40:39 *ofrenda por el pecado*. Así también Cristo, Quien no conoció pecado fue «hecho pecado por nosotros», es decir, fue hecho *ofrenda* por el pecado (II Co 5:21). Ciertamente, él mismo dio testimonio de esta verdad de la sustitución. No fue Pablo el primero en enseñarla, a quien la incredulidad difama como «falsificador» del cristianismo, ya que en Mt 20:28 Cristo dice de sí mismo que él dio su vida como «rescate por muchos».[22]

Turner comenta: «ἁμαρτια (hamartia), puede significar a veces "ofrenda por el pecado" en el lenguaje cristiano, como en Lv 6:25 LXX. ¿Deberíamos entender Heb 9:28 como sigue: "Así también, Cristo fue ofrecido una sola vez para llevar al altar (αναφερά - anafero) las *ofrendas por el pecado* de muchos; y aparecerá por segunda vez, sin relación con *las ofrendas por el pecado*, para salvar a los que le esperan?" Según esta suposición, 1 Pedro 2:24 podría decir: "Quien llevó él mismo al altar (αναφερω - anafero) nuestras *ofrendas por el pecado* en su cuerpo sobre el madero". Resolvería el problema intrínseco de la interpretación normal tocante a cómo se puede afirmar razonablemente que un Hombre sin pecado "lleve los pecados de otros"».[23]

Barnes (presbiteriano de Nueva Escuela) comenta: «Literalmente, sería: "él le ha hecho pecado, u ofrenda por el pecado"...no puede ser (1) que él fuera literalmente *pecado* en abstracto, o pecado como tal. Nadie pretende tal cosa. La expresión debe ser, por tanto, en algún sentido figurativa. Ni (2) puede significar que él fuera *pecador*, ya que se previene en el contexto inmediato que él «no conoció pecado», y en todas partes se afirma que él es santo, sin culpa, impoluto. Ni (3) puede significar que él fuera, en el justo sentido de la palabra, culpable, ya que no es verdaderamente culpable aquel que no transgrede personalmente la ley; y si fuera propiamente *culpable*, no habría diferencia a este respecto si fue por propio defecto o por imputación; un ser *culpable merece* ser castigado; y donde hay postre de castigo no puede haber mérito en el sufrimiento... Pero, (4) si la declaración: que él fue hecho «pecado» no significa que él fuera pecado en sí mismo, o un pecador, o culpable, entonces debe significar que fue *ofrenda por el pecado* —una ofrenda o sacrificio por el pecado; y esta es la interpretación que suele ser generalmente aceptada por los expositores (mediados de 1800); o se debe tomar como abstracto para lo concreto, y significar que Dios *se trató a sí mismo como si fuera un pecador*[24] ...Hay muchos pasajes en el Antiguo Testamento en los que la palabra «pecado» se usa en el sentido de «ofrenda o sacrificio por el pecado». Por ejemplo, Oseas 4:8 (versículo no incluido en la lista de Clarke): «Del pecado de mi pueblo comen»; esto es, de las ofrendas por el pecado...Locke traduce esto (2 Co 5:21), expresando probablemente su verdadero sentido: «Porque Dios le sujetó al sufrimiento y a la muerte, castigo y consecuencia del pecado, como si él hubiera sido pecador, aunque no fue culpable de ningún pecado». A mí me parece probable que... él soportara tan gran padecimiento conforme a su magno propósito: mantener la verdad, el honor y la justicia de Dios, como si los culpables hubieran sufrido ellos mismos el castigo de la ley. Supongo que esto es lo que se suele querer dar a entender al decir que «nuestros pecados le fueron imputados»; y aunque la Biblia no use este lenguaje, y aunque esté expuesto a falsa interpretación y gran perversión, con todo, si es esto lo que significa, nada se puede objetar».[25]

Llegados a este punto, interpretemos 2 Corintios 5:21: «*Al que no conoció pecado* (Jesús), *por nosotros* (Dios el Padre) *lo hizo pecado* (ofrenda por el pecado), *para que nosotros fuésemos hechos justicia de Dios en él* (2 Co 5:21).

Clarke vuelve a comentar: «Si nuestros traductores (de la KJV) se hubieran ceñido a su propio método de traducción de la palabra en otros pasajes, cuyo significado es el *mismo* que en éste, no nos habrían proporcionado la concepción falsa de un texto que se ha erigido en fundamento de una falsa doctrina blasfema, a saber, que *nuestros pecados le fueron imputados a Cristo*, y que él fue *objeto conveniente de la indignación de la justicia divina*, porque él fue denigrado con pecados imputados; y algunos han avanzado tan lejos en esta carrera blasfema que han llegado a afirmar que *Cristo puede ser considerado como el mayor de los pecadores, porque todos los pecados de la humanidad*, o los de los *elegidos*, como ellos aseguran, *le fueron imputados a él y reconocidos como suyos*. Uno de esos escritores traduce así el pasaje (en latín): «Dios tuvo a Cristo por el mayor de los pecadores, para que nosotros fuéramos sumamente justos».[26]

Barnes sigue diciendo: (1) «Jesús no soportó la misma clase de sufrimiento que el que deberían haber padecido aquellos por los que murió… Hay sufrimientos causados por el pecado que sólo pertenecen a la conciencia de pecado, y estos sufrimientos no se pueden transferir a otro. El mismo pecado no puede ser transferido; y como es imposible separar el sufrimiento de la conciencia de pecado, se sigue que un sustituto no puede soportar la misma clase de sufrimiento que habría tenido que soportar el pecador. El remordimiento de conciencia, por ejemplo, —una de las causas que provocan un sufrimiento más agudo para el culpable, que será uno de los aspectos más temibles del castigo de la ley en el mundo venidero—, *no puede* ser transferido. *No se me puede* hacer sentir remordimiento por lo que otro ha hecho; puedo lamentarlo profundamente…puedo sentir vergüenza, mortificación y humillación por el hecho de que ha sido cometido por alguien íntimamente ligado a mí; puedo sufrir profundamente en persona, propiedad o posición social, por causa de la ofensa perpetrada; pero *no se me puede* hacer sentir remordimiento…dada la eterna e inmutable constitución de las cosas, el remordimiento de la conciencia está vinculado solamente al delito y al delincuente; y, puesto que es imposible que la culpa sea transferida, también lo es que el remordimiento que conlleva sea traspasado a otro. (2) Jesús no soportó la misma *cantidad* de sufrimiento que habrían tenido que soportar los culpables (si no hubieran sido perdonados). (a) La misma *cantidad* de sufrimiento sólo podría haber sido soportada si la naturaleza divina de Cristo hubiera sufrido (él es un Ser *infinito* que vive desde la eternidad). (b) Si (si como parte de la expiación igual cantidad de sufrimiento fuera necesaria) no hubiera habido beneficio en el universo…no habría habido misericordia (porque el castigo total habría sido satisfecho). (c) La expiación no significaba que Cristo tuviera que sufrir el castigo literal de la ley (el cual sería exigido según una teoría de la expiación de índole comercial o de satisfacción exacta).[27]

A estas alturas, debemos recordar las lecciones aprendidas en el estudio de las ofrendas por el pecado en Levítico 4 y 5. El animal, normalmente un cordero o macho cabrío, hacía de sustituto a favor de la persona que pecaba inintencionadamente. No es posible en modo alguno afirmar que cuando el oferente imponía sus manos sobre la cabeza del animal y confesaba sus pecados, Dios imputara al animal los pecados que acababan de confesarse. La transferencia de pecados a la cabeza del animal era simbólica, o representativa, y después el animal era sacrificado como sustituto por el castigo del pecador. Así pues, vemos que la ofrenda por el pecado manifestaba una ilustración de la vida real: el «sufrimiento sustitutivo» padecido por una «víctima sustitutoria». El coste personal del sacrificio y la extrema fealdad del acto tenían como finalidad hacer ver con claridad al oferente las verdaderas consecuencias del pecado, e infundir en su corazón ese «espíritu quebrantado, el corazón contrito y humillado» que define el Salmo 51:17. De manera que la persona que había pecado se alejara del tabernáculo siendo más pobre, ya que parte de su riqueza se había consumido en obtener el perdón. Y se alejaba con un corazón contrito y humillado, puesto que ahora comprendía mejor el alto precio del pecado, no ya por la muerte del cordero, sino por el efecto experimentado en su propia alma.

Examinemos ahora el macho cabrío que se soltaba, en Levítico 16. El animal cargaba con los pecados de los hijos de Israel colocados sobre su cabeza (Lv 16:21), y recordemos que esto era simbólico o representativo, y que el macho cabrío era conducido al desierto guiado por la mano de un hombre apto. Cuando el macho cabrío se alejaba, el pueblo de Israel era consciente de que se llevaba sus pecados, y dado que el macho cabrío debía ser soltado en el desierto, y nunca volvería a ser visto, esto demostraba que sus pecados se alejaban o eran borrados permanentemente. Es una figura maravillosa del perdón.

Hay muchos pasajes en el Nuevo Testamento, relacionados con el Señor Jesucristo, que pueden adquirir repentinamente un nuevo significado si los entendemos a la luz de lo que Dios nos ha enseñado por medio de la ofrenda por el pecado y el macho cabrío que se soltaba. Fijémonos en ambos.

> Juan 1:29: *«El siguiente día vio Juan a Jesús que venía a él, y dijo: He aquí el Cordero de Dios, que quita literalmente, que se lleva,* (αἴρων, nom. sing. mas. part. pres. act. de αἴρω-llevarse, apartar, quitar *el pecado del mundo»*. Resulta interesante que, en este pasaje, Juan el Bautista compara a Jesús con el cordero que se lleva el pecado del mundo», tres años antes que él afrontara la cruz, tres años completos antes de morir.

> Col 2:14: *«anulando el acta de los decretos que había contra nosotros, que nos era contraria, "quitándola"* de en medio (αρχεν, sing. perf. ind. act. de αἴρω, llevarse, apartar, quitar) *y clavándola en la cruz»*.

> Heb 7:27: *«que no tiene necesidad cada día, como aquellos sumos sacerdotes, de ofrecer* (αναφερειν, 3 sing. perf. ind. de αναφερω, llevar tierra adentro o subir al altar) *primeramente sacrificios por sus propios pecados, y después por los del pueblo; porque esto lo hizo una vez para siempre, ofreciéndose* (ανενεγχας, nom. sing. mas. part. aor. 1 de αναφερω, llevar tierra adentro o subir al altar) *a sí mismo»*.

> Heb 9:28: *«así también Cristo fue ofrecido una sola vez para "llevar"* (ανενεγχειν, aor. inf. act. de αναφερω, llevar tierra adentro o subir al altar) *los pecados de muchos; y aparecerá por segunda vez, sin relación con el pecado, para salvar a los que le esperan»*.

> 1 P 2:24: *«quien "llevó" él mismo* (ανενεγχεν, 3 sing. aor. 1 ind. de αναφερω) *nuestros pecados en su cuerpo sobre el madero, para que nosotros, estando muertos a los pecados, vivamos a la justicia; y por cuya herida fuisteis sanados»*.

> 1 Juan 3:5: *«Y sabéis que él apareció para "quitar"* (ἄρῃ, 3 sing. aor. 1 subj. act. de αἴρω, llevarse, apartar, quitar) *nuestros pecados, y no hay pecado en él»*.

Al examinar los pasajes previos a la luz del fundamento de las ofrendas por el pecado del Antiguo Testamento, especialmente la del macho cabrío que se soltaba, queda muy claro que Jesús pudo *llevar, apartar o quitar* nuestros pecados de la misma manera que lo hacía el macho cabrío. No es necesario que cargara con los pecados del pueblo en el sentido de que le fueran imputados, o que él fuera culpable de ellos.

Hay otro grupo de pasajes que es preciso entender a la luz de lo que enseñan Romanos 8:3 y 2 Corintios 5:21: que Jesús se ofreció por nuestro pecado.

> 1 Co 15:3: «*Porque primeramente os he enseñado lo que asimismo recibí: Que Cristo murió por nuestros pecados* (como ofrenda por el pecado), conforme a las Escrituras».
>
> Gá 1:4: «*el cual se dio a sí mismo por nuestros pecados* (como ofrenda por el pecado) *para librarnos del presente siglo malo, conforme a la voluntad de nuestro Dios y Padre*».
>
> Heb 1:3: «*el cual, siendo el resplandor de su gloria, y la imagen misma de su sustancia, y quien sustenta todas las cosas con la palabra de su poder, habiendo efectuado la purificación de nuestros pecados por medio de sí mismo* (como ofrenda por el pecado), *se sentó a la diestra de la Majestad en las alturas*».
>
> Heb 9:26: «*De otra manera le hubiera sido necesario padecer muchas veces desde el principio del mundo; pero ahora, en la consumación de los siglos, se presentó una vez para siempre por el sacrificio de sí mismo para quitar de en medio el pecado* (como ofrenda por el pecado)».
>
> Heb 10:12: «*pero Cristo, habiendo ofrecido una vez para siempre un solo sacrificio por los pecados* (como Sumo Sacerdote y ofrenda por el pecado), *se ha sentado a la diestra de Dios*».
>
> 1 P 3:18: «*Porque también Cristo padeció una sola vez por los pecados* (como ofrenda por el pecado), *el justo por los injustos, para llevarnos a Dios, siendo a la verdad muerto en la carne, pero vivificado en espíritu*».
>
> 1 Juan 1:7: «*pero si andamos en luz, como él está en luz, tenemos comunión unos con otros, y la sangre de Jesucristo su Hijo nos limpia de todo pecado* (como ofrenda por el pecado)».
>
> 1 Juan 2:2: «*Y él es la propiciación* (lugar de misericordia, o de provisión de misericordia, análogo al sitio donde el Sumo Sacerdote esparcía la sangre de la ofrenda por el pecado ante el Propiciatorio) *por nuestros pecados; y no solamente por los nuestros, sino también por los de todo el mundo*».

1 Juan 4:10: «*En esto consiste el amor: no en que nosotros hayamos amado a Dios, sino en que él nos amó a nosotros, y envió a su Hijo en propiciación* (lugar de misericordia o de provisión de misericordia, análogo al sitio donde el Sumo Sacerdote esparcía la sangre de la ofrenda por el pecado ante el Propiciatorio) *por nuestros pecados*».

Ap 1:5: «*y de Jesucristo el testigo fiel, el primogénito de los muertos, y el soberano de los reyes de la tierra. Al que nos amó, y nos lavó de nuestros pecados con su sangre* (como ofrenda por el pecado)».

Is 53:4-10 (todo este pasaje se basa en Levítico 16, donde se describe el Día de la Expiación): «*Ciertamente llevó él nuestras enfermedades, y sufrió nuestros dolores* (como cordero o macho cabrío); *y nosotros le tuvimos por azotado, por herido de Dios y abatido. Mas él herido fue por nuestras rebeliones, molido por nuestros pecados; el castigo de nuestra paz fue sobre él, y por su llaga fuimos nosotros curados. Todos nosotros nos descarriamos como ovejas, cada cual se apartó por su camino; mas Jehová cargó en él el pecado de todos nosotros* (como el Sumo Sacerdote ponía los pecados de los hijos de Israel sobre la cabeza del macho cabrío). *Angustiado él, y afligido, no abrió su boca; como cordero fue llevado al matadero* (como ofrenda por el pecado); *y como oveja delante de sus trasquiladores, enmudeció, y no abrió su boca. Por cárcel y por juicio fue quitado; y su generación, ¿quién la contará? Porque fue cortado de la tierra de los vivientes* (como ofrenda por el pecado), *y por la rebelión de mi pueblo fue herido* (como ofrenda por el pecado). *Y se dispuso con los impíos su sepultura, mas con los ricos fue en su muerte; aunque nunca hizo maldad, ni hubo engaño en su boca. Con todo eso, Jehová quiso quebrantarlo* (solo en el sentido en que agradó al Señor decretar la ofrenda por el pecado, para poder librar a su pueblo de sus pecados), *sujetándole a padecimiento. Cuando haya puesto su vida en "expiación por el pecado", verá linaje, vivirá por largos días, y la voluntad de Jehová será en su mano prosperada*».

Lucas 22:19: «*Y tomó el pan y dio gracias, y lo partió y les dio, diciendo: Esto es mi cuerpo, que por vosotros es dado* (como ofrenda por el pecado); *haced esto en memoria de mí*».

Juan 10:15: «*así como el Padre me conoce, y yo conozco al Padre; y pongo mi vida* (como ofrenda por el pecado) *por las ovejas*».

Gá 2:20: «*Con Cristo estoy juntamente crucificado, y ya no vivo yo, mas vive Cristo en mí; y lo que ahora vivo en la carne, lo vivo en la fe del Hijo de Dios, el cual me amó y se entregó a sí mismo por mí* (como ofrenda por el pecado)».

Tit 2:14: *«quien se dio a sí mismo* (como ofrenda por el pecado) *por nosotros para redimirnos de toda iniquidad y purificar para sí un pueblo propio, celoso de buenas obras».*

En conclusión, la contemplación del Señor Jesucristo, el Hijo encarnado de Dios en la cruz, debe producir en nosotros los siguientes efectos:

- Cobrar conciencia de que la salvación es por gracia por medio de la fe. La venida de Jesús, para demostrar la vida de Dios como hombre y ofrecerse en sacrificio por nosotros, es la cumbre de la gracia.
- La revelación de Jesús en la cruz debe compungir nuestro corazón por los pecados cometidos en el pasado, y activar un «espíritu quebrantado, un corazón contrito y humillado», en cada uno de los que creen el mensaje del evangelio.
- Esta es la única respuesta adecuada de arrepentimiento y de fe a la tremenda gracia que se nos ofrece.
- El sacrificio de amor del Señor Jesús en la cruz debe ser una barrera permanente en la vida del que recibe perdón que le impida pecar en el futuro.
- El sacrificio de Jesús debe ser correspondido con fe y obediencia de nuestra parte, o, por lo que a nosotros concierne, será desperdiciado. ¡Qué triste! ¡Qué increíble precio por el pecado, que el Dios encarnado haya sufrido y muerto, y que algunos de nosotros, por nuestra incredulidad, sigamos en el pecado, y finalmente acabemos en el infierno! Siempre tenemos que recordar: *«Porque no quiero la muerte del que muere, dice Jehová el Señor; convertíos, pues, y viviréis»* (Ez 18:32).

CAPÍTULO 8

Dios mío, Dios mío, ¿por qué me has abandonado?

Posiblemente el pasaje peor comprendido de los Evangelios sea Mateo 27:46 y su paralelo, Marcos 15:34:

> *Cerca de la hora novena, Jesús clamó a gran voz, diciendo: Elí, Elí, ¿lama sabactani? Esto es: Dios mío, Dios mío, ¿por qué me has desamparado?* (Mt 27:46).

> *Y a la hora novena Jesús clamó a gran voz, diciendo: Eloi, Eloi, ¿lama sabactani? que traducido es: Dios mío, Dios mío, ¿por qué me has desamparado?* (Mr 15:34).

Este clamor procede de la primera parte del Salmo 22:1:

> *Dios mío, Dios mío, ¿por qué me has desamparado? ¿Por qué estás tan lejos de mi salvación, y de las palabras de mi clamor?*

Este evento se suele explicar normalmente en los siguientes términos. Se proclama que Jesús exclamó esta agonizante queja porque llegado ese momento Dios le había imputado los pecados de todo el mundo, o los de los elegidos, dependiendo del marco teológico. En ese momento fue pecador, y como Dios no puede contemplar el pecado, tuvo que dar la espalda a Jesús hasta que murió y «pagó» el precio por nuestras iniquidades. El versículo bíblico más usado para enseñar que Dios no podía contemplarle por ser pecador es Habacuc 1:13a:

> *Muy limpio eres de ojos para ver el mal, ni puedes ver el agravio; ¿por qué ves a los menospreciadores, y callas cuando destruye el impío al más justo que él?*

Esta es una explicación demasiado simplista del versículo en cuestión. En primer lugar, asume la teoría de la satisfacción comercial o exacta de la expiación, que afirma que a Jesús se le imputaron todos los pecados del mundo, por tanto, Dios le tuvo por culpable de ellos, y los castigó en él, por lo cual, cargó con el castigo eterno de todos los pecados durante las horas que estuvo en la cruz. De esa manera «satisfizo» a Dios todos los pecados, y así Dios pudo «perdonarnos». Se basa en la declaración de 2 Corintios 5:21 para probar que Jesús se hizo pecado en la cruz:

> *Al que no conoció pecado, por nosotros lo hizo pecado, para que nosotros fuésemos hechos justicia de Dios en él.*

No obstante, ignora el contexto de Habacuc 1:13. En la última parte de este mismo versículo Habacuc dice a Dios:

> *¿"Por qué ves a los menospreciadores", y callas cuando destruye el impío al más justo que él?*

De modo que el contexto exige entender Habacuc 1:13a de esta manera: «*Muy limpio eres de ojos para ver el mal, ni puedes ver el agravio* (con buenos ojos)». Dios contempla el pecado en todo momento, y su corazón se quebranta por él.

Antes que Jesús fuera a la cruz, su relación con el Padre era continua e ininterrumpida:

> *Todas las cosas me fueron entregadas por mi Padre; y nadie conoce al Hijo, sino el Padre, «ni al Padre conoce alguno, sino el Hijo, y aquel a quien el Hijo lo quiera revelar»* (Mt 11:27).

> *Mientras él aún hablaba, una nube de luz los cubrió; y he aquí una voz desde la nube, que decía: "Este es mi Hijo amado, en quien tengo complacencia»; a él oíd* (Mt 17:5).

> *Todas las cosas me fueron entregadas por mi Padre; y «nadie conoce quién es el Hijo sino el Padre; ni quién es el Padre, sino el Hijo», y aquel a quien el Hijo lo quiera revelar* (Lc 10:22).

> *Respondió entonces Jesús, y les dijo: De cierto, de cierto os digo: No puede el Hijo hacer nada por sí mismo, sino «lo que ve hacer al Padre; porque todo lo que el Padre hace, también lo hace el Hijo igualmente»* (Jn 5:19).

> *No puedo yo hacer nada por mí mismo; según oigo, así juzgo; y mi juicio es justo, porque «no busco mi voluntad, sino la voluntad del que me envió, la del Padre»* (Jn 5:30).

> *Muchas cosas tengo que decir y juzgar de vosotros; pero el que me envió es verdadero; y yo, «lo que he oído de él», esto hablo al mundo* (Jn 8:26).

> *Porque el que me envió, conmigo está; no me ha dejado solo el Padre, «porque yo hago siempre lo que le agrada»* (Jn 8:29).

> *Respondió Jesús: Si yo me glorifico a mí mismo, mi gloria nada es; «mi Padre es el que me glorifica», el que vosotros decís que es vuestro Dios* (Jn 8:54).

> *Por eso «me ama el Padre», porque yo pongo mi vida, para volverla a tomar* (Jn 10:17).

> *«Yo y el Padre uno somos»* (Jn 10:30).

Los siguientes pasajes bíblicos describen las cosas que consiguió Jesús en la cruz:

> *No por sangre de machos cabríos ni de becerros, sino «por su propia sangre, entró una vez para siempre en el Lugar Santísimo, habiendo obtenido eterna redención»* (Heb 9:12). Este es el cometido específico del Sumo Sacerdote al entrar en el Lugar Santísimo con la sangre en el Día de la Expiación.

> *Sabiendo que fuisteis «rescatados» de vuestra vana manera de vivir, la cual recibisteis de vuestros padres, no con cosas corruptibles, como oro o plata, sino con la sangre preciosa de Cristo, como de un cordero sin mancha y sin contaminación* (1 P 1:18-19).

> *Quien se dio a sí mismo por nosotros «para redimirnos de toda iniquidad» y purificar para sí un pueblo propio, celoso de buenas obras* (Tit 2:14).

> *El cual «se dio a sí mismo en rescate por todos», de lo cual se dio testimonio a su debido tiempo* (1 Ti 2:6).

> *«Al que no conoció pecado, por nosotros lo hizo pecado», para que nosotros fuésemos hechos justicia de Dios en él* (2 Co 5:21).

> *«Cristo nos redimió de la maldición de la ley», hecho por nosotros maldición (porque está escrito: Maldito todo el que es colgado en un madero* (Gá 3:13).

Y no olvidemos que en el huerto de Getsemaní Jesús nos anunció que tenía que ir a la cruz:

> *¿Acaso piensas que no puedo ahora orar a mi Padre, y que él no me daría más de «doce legiones de ángeles»?* (Mt 26:53). (Una legión romana tenía entre 6000 y 10.000 hombres. Doce legiones habrían sumado entre 72.000 y 120.000 ángeles.)

Marcos sitúa la hora de la crucifixión de Jesús en torno a las 9 am:

> *«Era la hora tercera» cuando le crucificaron* (Mr 15:25).

El Dr. Davis describe el tiempo que Jesús estuvo en la cruz como: «horas de dolor ilimitado, ciclos de retorcimiento, calambres y descoyunte de articulaciones, asfixia parcial intermitente y dolor abrasador cuando el tejido de su espalda lacerada se desgarraba con el roce continuo contra el madero».[29]

Llevaba en la cruz casi seis horas, y en ese tiempo su comunión y relación con el Padre no se interrumpió. Oró por los que le habían crucificado:

> *Y Jesús decía: « Padre, perdónalos, porque no saben lo que hacen».* (Lc 23:34a).

Y aseguró al ladrón penitente:

> *Entonces Jesús le dijo: De cierto te digo que hoy estarás conmigo en el paraíso* (Lc 23:43).

Por Mateo 27:46 sabemos que las seis horas que Jesús pasó en la cruz casi se habían consumido cuando emitió su exclamación. En consecuencia, concluimos que fue abandonado solamente unos instantes, o minutos, en la cruz antes de morir:

«Cerca de la hora novena», Jesús clamó a gran voz, diciendo: Elí, Elí, ¿lama sabactani? Esto es: Dios mío, Dios mío, ¿por qué me has desamparado? (Mt 27:46). (O sobre las 3 de la tarde, justo antes de morir.)

Matthew Henry hace esta aguda observación:

> «El padecimiento más gravoso de Cristo fue el *abandono* de su Padre, del cual se quejó. En esto consistió su más profunda aflicción; él no dijo: "¿por qué soy azotado? ¿Por qué me escupen? ¿Por qué me clavan en la cruz?" Tampoco dijo a sus discípulos cuando le dejaron de lado *¿por qué me habéis abandonado?* Pero cuando su Padre se mantuvo alejado de él, hizo esta exclamación; pues esto fue lo que *añadió hiel y ajenjo* a su aflicción y su dolor.»[30]

¿Pudo ser también que Jesús sufriera esos últimos momentos solo y sintiera la separación del Padre para poder identificarse con nosotros en todos los aspectos? Él nunca pecó, nunca perdió la comunión con su Padre, nunca se había separado de él. Nosotros estábamos una vez perdidos, separados de Dios, sin esperanza, sin la presencia de Dios para sostenernos. Y si vamos al infierno, experimentaremos esa perdición por toda la eternidad. Como sustituto nuestro, Jesús, por un momento desgarrador, compartió con nosotros lo que experimentamos como pecadores perdidos.

Examinemos ahora este suceso desde el punto de vista del Padre. Jesús y el Padre nunca se habían separado en toda la eternidad. Siempre habían vivido en amor, unidad y mutuo acuerdo, aun cuando, desde antes de la fundación del mundo, Ellos concibieran tan maravilloso plan de salvación. La intimidad de esa relación nunca se había interrumpido. Resulta obvio, por las palabras de Jesús pronunciadas en el huerto de Getsemaní, que *el Padre le habría librado* de los judíos si él se lo hubiera pedido. Y también lo es, por las palabras que dijo Jesús al ladrón penitente, que iba a estar con el Padre poco después. *«Hoy estarás conmigo en el paraíso»*.

Por casi seis horas en la cruz, el eterno vínculo entre el Padre y el Hijo se mantuvo ininterrumpido, la comunión seguía siendo dulce, pese a que él fuera «el Cordero inmolado desde el principio del mundo»:

> *El Cordero que fue inmolado desde el principio del mundo* (Ap 13:8).

Otra forma de describirlo es que la comunión entre ellos no se interrumpió aunque él fuera el cordero o macho cabrío que aparta nuestros pecados «tan lejos como el oriente está del occidente»

> *Cuanto está lejos el oriente del occidente, hizo alejar de nosotros nuestras rebeliones* (Sal. 103:12).

Jesús nos ha demostrado que él está comprometido a llevar a cabo el plan de salvación hasta el fin, como también lo está el Padre. ¿Ama el Padre al Hijo? Normalmente no pensamos en el sufrimiento del Padre mientras Jesús estuvo en la cruz, pero yo creo que el sufrimiento del Padre fue tan intenso como el del Hijo. Pero fue de otra clase. Yo creo que el Hijo murió físicamente, posiblemente de un corazón quebrantado, pero el sufrimiento del Padre fue emocional, en todo tan profundo como el sufrimiento emocional del Hijo. ¿Cómo se sentiría usted si el hijo al que tanto ama muriera de muerte cruel en una cruz, y pudiera hacer algo al respecto? El Padre podía haber hecho algo al respecto, pero escogió voluntariamente reprimir su poder movido por su amor, lo mismo que el Hijo sufrió, de forma voluntaria, física y emocionalmente en la cruz, por causa de su amor por nosotros. ¡Cuán grande es el Padre comparado con uno de nosotros! Por lo tanto, su sufrimiento fue proporcional e infinitamente mayor que el nuestro, en la misma medida que él es más grande que nosotros.

Fijémonos en otro aspecto de la separación entre Jesús y el Padre. Cuando Dios nos creó, su intención fue tener comunión eterna, ininterrumpida, con las criaturas creadas a su imagen. El hecho de que en un tiempo estuviéramos perdidos, separados de Dios, sin esperanza, sin la presencia de Dios, no sólo ha sido una gran pérdida para nosotros, sino también para Dios. Y si vamos al infierno, no sólo experimentaremos esa pérdida por toda la eternidad, también el Padre experimentará nuestra pérdida no deseada. Qué precio tan increíble el del pecado, no sólo para el pecador, sino para el Dios que nos ama y nos creó para multiplicar su amor y su carácter.

Por tanto, por un momento en la eternidad, que no se volverá a repetir, el Padre apartó su presencia, dio la espalda a su Hijo; no pudo contemplarlo más. Si lo hubiera hecho, habría detenido el terrible sufrimiento de Jesús. Por un instante en la eternidad la comunión perfecta entre Jesús y el Padre quedó interrumpida. Es una dimensión del precio increíblemente alto del pecado por el que Jesús exclamó: «Dios mío, Dios mío, ¿por qué me has desamparado?». Este clamor indica que este abandono no fue parte del plan de salvación, sino algo totalmente inesperado para Jesús.

Pero creo que también revela que no fue planeado por el Padre, pues su gran corazón se quebrantó por el terrible costo del pecado, ya que él y Jesús abordaron la conclusión del evento del Cordero eterno ofrecido por su amoroso Padre. De suerte que, tanto nos amó a los que hemos pecado, que no estuvo dispuesto a detener la crucifixión, y al mismo tiempo, fue incapaz de seguir contemplándola, de participar en ella, por lo que tuvo que darle la espalda. Por una sola vez en toda la eternidad, la unidad perfecta fue deshecha. Con un corazón quebrantado él apartó su presencia de Jesús. Así pues, mientras Jesús exclamaba: «Dios mío, Dios mío, ¿por qué me has desamparado?», me imagino que el Padre también exclamaba «porque es demasiado doloroso seguir soportándolo». Si no aparto mi presencia, detendré tu enorme sufrimiento porque te amo demasiado. Y si detengo tu sufrimiento, y el mío, millones de hijos e hijas nunca podrán reconciliarse con nosotros, y este sería un sufrimiento que ninguno de los dos podría soportar». ¿Cuán grande es el corazón quebrantado de Dios? ¿Cuán alto es el precio del pecado?

CAPÍTULO 9

Un rescate para todos

Hay varios pasajes bíblicos que transmiten la idea de que Jesús fue «rescate» para los cristianos.

Los pasajes de Nuevo Testamento relacionados con este asunto son:

> *...como el Hijo del Hombre no vino para ser servido, sino para servir, y para dar su vida en «rescate» por muchos* (Mt 20:28).

> *Porque el Hijo del Hombre no vino para ser servido, sino para servir, y para dar su vida en rescate por muchos* (Mr 10:45).

> *...el cual se dio a sí mismo en rescate por todos, de lo cual se dio testimonio a su debido tiempo* (1 Ti 2:6).

La Enciclopedia de la Biblia International Standard define así el concepto de rescate:

> «Un precio satisfecho para comprar la libertad de un esclavo, o para librar de cargas y responsabilidades, y, en general, la liberación de una calamidad mediante el pago de una sanción.»[31]

Esto coincide con las definiciones de la palabra «rescate» que da el diccionario Webster de 1828:

> Como nombre – «dinero o precio pagado por la redención de un prisionero o esclavo, o los bienes capturados por un enemigo; lo que procura la liberación de un prisionero o cautivo, o propiedad capturada, y restaura la libertad al primero y la segunda a su dueño original».

> Como verbo — 1. «Redimir de la cautividad o el castigo mediante el pago de un precio equivalente; aplicado a las personas; como rescatar prisioneros del enemigo. 2. Redimir de la posesión de un enemigo mediante el pago de un precio estimado equivalente; aplicado a los bienes o a la propiedad»[32]

Además, los siguientes pasajes no usan la palabra «rescate», pero evocan la misma idea. La palabra «redimir» se usa como verbo para el hecho de proporcionar un «rescate» o satisfacer un «precio» por la libertad de un cautivo o esclavo. Las palabras «adquisición» o «compra» también guardan relación con la provisión del precio de rescate para obtener la libertad de un esclavo o cautivo.

> *...para que redimiese a los que estaban bajo la ley, a fin de que recibiésemos la adopción de hijos* (Gá 4:5).

> *...quien se dio a sí mismo por nosotros para redimirnos de toda iniquidad y purificar para sí un pueblo propio, celoso de buenas obras* (Tit 2:14).

> *Porque habéis sido comprados por precio; glorificad, pues, a Dios en vuestro cuerpo y en vuestro espíritu, los cuales son de Dios* (1 Co 6:20).

> *Por precio fuisteis comprados; no os hagáis esclavos de los hombres* (1 Co 7:23).

> *Por tanto, mirad por vosotros, y por todo el rebaño en que el Espíritu Santo os ha puesto por obispos, para apacentar la iglesia del Señor, la cual él ganó por su propia sangre* (Hch 20:28).

> *He oído decir que, en los tiempos del Nuevo Testamento, la mitad de la población del imperio romano eran esclavos. No he podido hallar documentación fidedigna que lo corrobore, pero creo que podemos asegurar sin temor a equivocarnos que la esclavitud era tan común que mucha gente estaba familiarizada con ella, y con los diversos conceptos culturales con ella relacionados. Hay varios pasajes que confirman esta idea. La palabra griega doulos se suele traducir por «esclavo» o «siervo», pero su significado básico es el de «esclavo». La palabra griega «diakonos» significa criado contratado, y a diferencia de esclavo o siervo, se traduce por «diácono» en muchas versiones de la Biblia. He aquí algunos ejemplos del uso común de doulos (esclavo, siervo):*

> *Porque también yo soy hombre bajo autoridad, y tengo bajo mis órdenes soldados; y digo a éste: Ve, y va; y al otro: Ven, y viene; y a mi siervo: Haz esto, y lo hace* (Mt 8:9).

> *El discípulo no es más que su maestro, ni el siervo más que su señor* (Mt 10:24).

¿Quién de vosotros, teniendo un siervo (doulos) que ara o apacienta ganado, al volver él del campo, luego le dice: Pasa, siéntate a la mesa? ¿No le dice más bien: Prepárame la cena, cíñete, y sírveme hasta que haya comido y bebido; y después de esto, come y bebe tú? ¿Acaso da gracias al siervo (doulos) porque hizo lo que se le había mandado? Pienso que no. Así también vosotros, cuando hayáis hecho todo lo que os ha sido ordenado, decid: Siervos inútiles (plural de doulos) somos, pues lo que debíamos hacer, hicimos (Lc 17:7-10).

Un esclavo se define como:

«Una persona totalmente sometida a la voluntad de otra; un individuo que no tiene voluntad propia, cuya persona y servicio están sujetos al control de otro. En la antigüedad y hasta el día de hoy, en algunas naciones bárbaras, los prisioneros de guerra son considerados y tratados como esclavos. Los esclavos de los tiempos modernos son, por lo general, adquiridos, como los caballos y los bueyes.»[33]

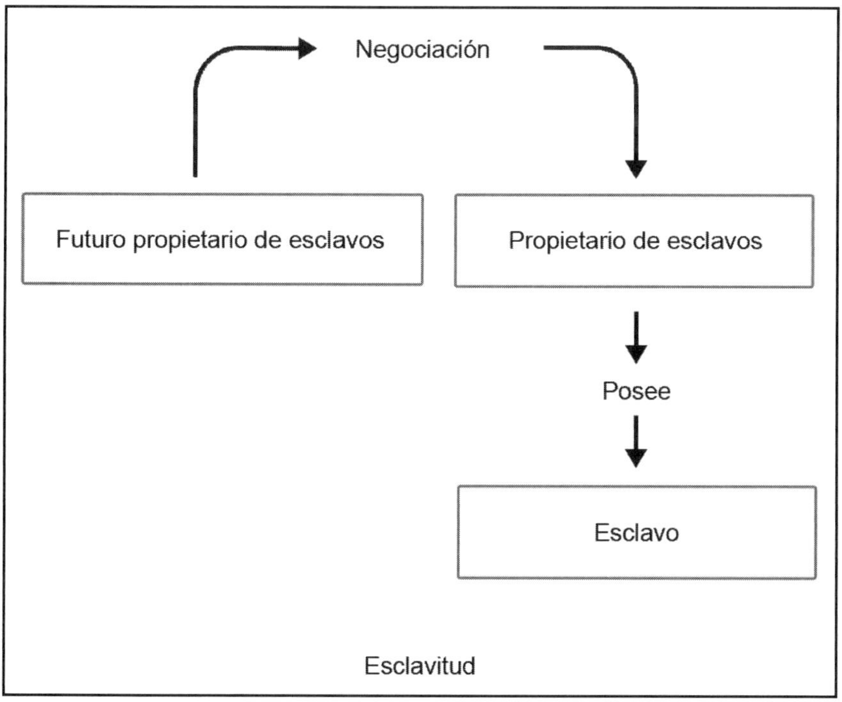

Figura 1

La Figura 1 es un gráfico que muestra la relación entre un esclavo y su amo. El esclavo es propiedad del amo, toda su vida está sujeta a la voluntad de su amo o dueño. Supongamos que hay otra persona que desea adquirir ese esclavo. Iniciará una negociación con su amo para averiguar el precio que éste exige para transferir su propiedad a sí mismo como comprador. Normalmente pensamos que el precio requerido será cierta cantidad de dinero, pero podría ser algo o alguien a quien se asigna valor, como otro esclavo, familia de esclavos, propiedad, o alguna otra cosa. En cualquier caso, se adscribirá cierto valor económico a satisfacer al primer amo para poder comprar o adquirir el esclavo, y así, transferir su propiedad.

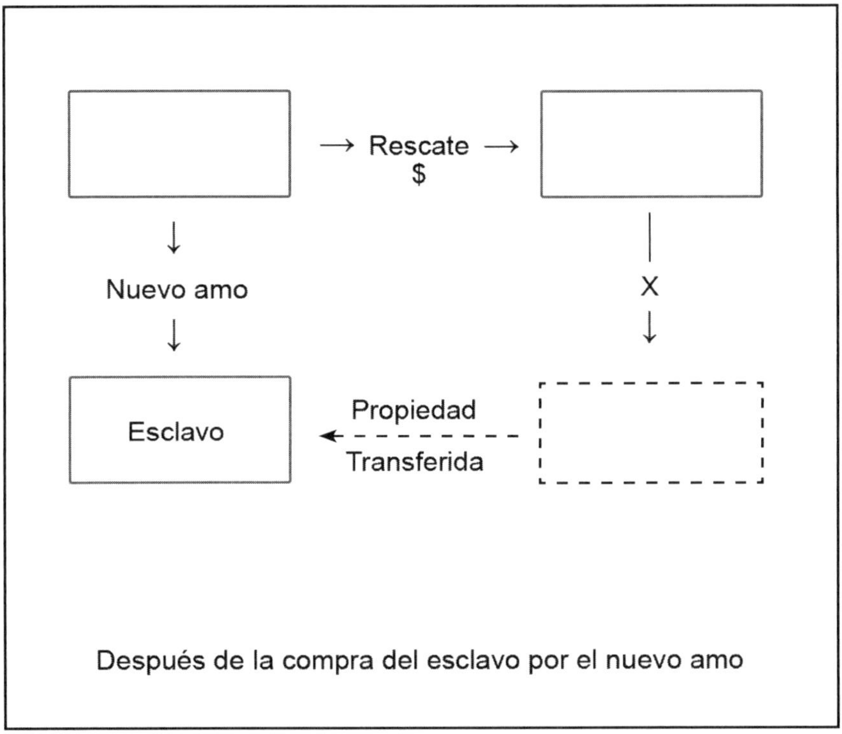

Figura 2

La Figura 2 es un gráfico que muestra la nueva relación después que el esclavo es adquirido y pasa a ser nueva propiedad de otro. La antigua relación de esclavitud queda extinguida, y la nueva, establecida. El esclavo es vendido y pasa a tener nuevo amo. El precio del rescate se refleja en dinero, pero el signo monetario (en este caso el dólar) puede representar otro objeto de valor requerido por el primer amo.

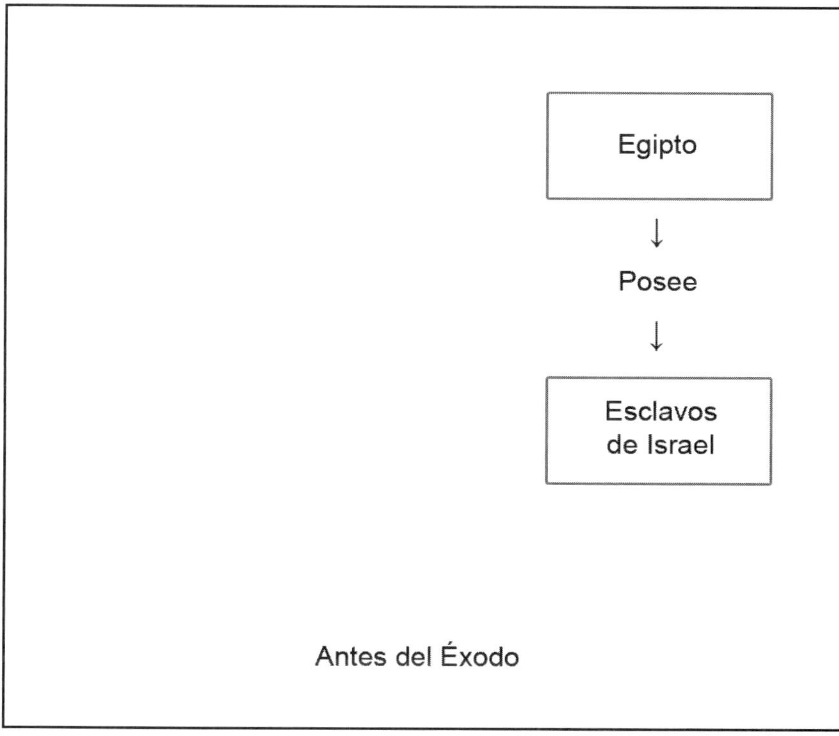

Figura 3

Puesto que la idea de la redención se aplica al Israel del Antiguo Testamento, la Figura 3 muestra la relación de la nación de Israel con Egipto durante el periodo de tiempo en que fueron esclavos. Su condición en ese tiempo se describe de manera sucinta en Éxodo 2:23:

Aconteció que después de muchos días murió el rey de Egipto, y los hijos de Israel gemían a causa de la «servidumbre», y clamaron; y subió a Dios el clamor de ellos con motivo de su «servidumbre».

Después que ellos clamaron en su servidumbre (esclavitud), y Moisés fuera comisionado para volver y sacarles de su esclavitud en Egipto, Dios describe lo que iba a hacer como acto de redención:

> *Por tanto, dirás a los hijos de Israel: Yo soy JEHOVÁ; y yo os sacaré de debajo de las tareas pesadas de Egipto, y os libraré de su servidumbre, y os «redimiré» con brazo extendido, y con juicios grandes* (Ex 6:6).

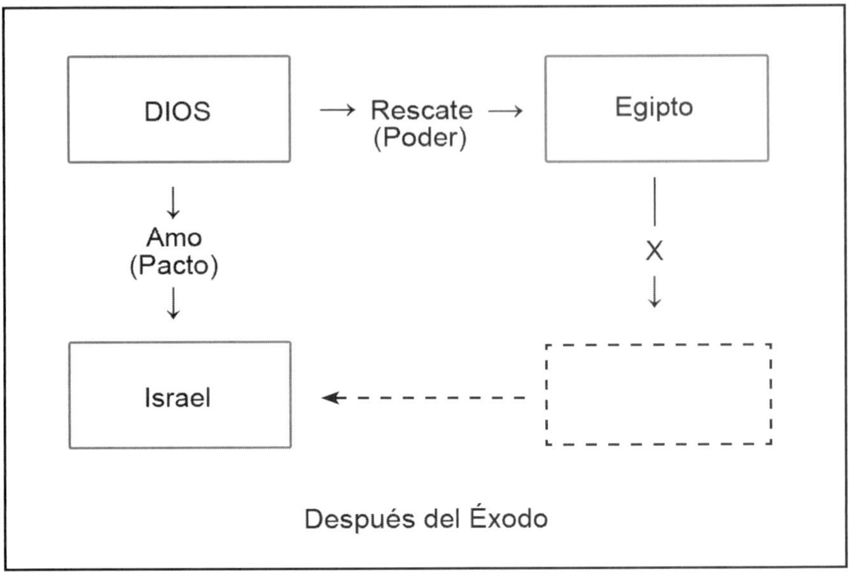

Figura 4

Luego sobrevinieron las diez plagas, que, en realidad, fueron juicios sobre los muchos dioses de Egipto (Ex 12:12). Después de la décima plaga, la muerte de los primogénitos, los israelitas fueron librados de su esclavitud. Dios describe todo este proceso en Éxodo 6:6 diciendo: «Os libraré de su servidumbre, y os redimiré con brazo extendido, y con juicios grandes». De modo que la Figura 4 representa la libertad de Israel de la esclavitud de Egipto, su amo o dueño. Pero no hubo resarcimiento económico al amo egipcio. El «precio de redención» satisfecho a Egipto fue el poder de Dios (*un brazo extendido y grandes juicios* – Éxodo 6:6) para convencer a Faraón de que soltara a sus esclavos, los israelitas.

Después del Éxodo, Dios condujo a su pueblo al monte Sinaí. Israel había sido salvado de la misma manera que nosotros, por gracia, por medio de la fe. Y en el monte Sinaí, ellos descubrieron la clase de gente que tenía que ser el pueblo de Dios, y eso fue a través de los Diez Mandamientos, la base de la ley moral. Y establecieron un pacto con Dios en Éxodo 24:3-8:

> *Y Moisés vino y contó al pueblo todas las palabras de Jehová, y todas las leyes; y todo el pueblo respondió a una voz, y dijo: Haremos todas las palabras que Jehová ha dicho. Y Moisés escribió todas las palabras de Jehová, y levantándose de mañana edificó un altar al pie del monte, y doce columnas, según las doce tribus de Israel. Y envió jóvenes de los*

hijos de Israel, los cuales ofrecieron holocaustos y becerros como sacrificios de paz a Jehová. Y Moisés tomó la mitad de la sangre, y la puso en tazones, y esparció la otra mitad de la sangre sobre el altar. Y tomó el libro del pacto y lo leyó a oídos del pueblo, el cual dijo: Haremos todas las cosas que Jehová ha dicho, y obedeceremos. Entonces Moisés tomó la sangre y roció sobre el pueblo, y dijo: He aquí la sangre del pacto que Jehová ha hecho con vosotros sobre todas estas cosas.

Ellos pasaron a ser siervos voluntarios (esclavos) del Dios que les había redimido de su antiguo amo, Egipto, donde habían sido esclavos involuntarios. En el gráfico de la Figura 4 vemos que cambiaron de amo o dueño, y que su precio de redención, o de rescate, no fue pecuniario (económico), sino manifestación del poder de Dios (un brazo extendido y grandes juicios).

De un modo similar, cabe recurrir a la Figura 4 para ilustrar los siguientes versículos:

Pero Dios redimirá mi vida del poder del Seol, porque él me tomará consigo. Selah (Sal 49:15).

De la mano del Seol los redimiré, los libraré de la muerte. Oh muerte, yo seré tu muerte; y seré tu destrucción, oh Seol; la compasión será escondida de mi vista (Os 13:14).

Estos versículos hacen referencia a la redención del pueblo de Dios de la muerte, y esa redención se llevaría a efecto con poder, como se demostrará posteriormente en la resurrección de Jesús.

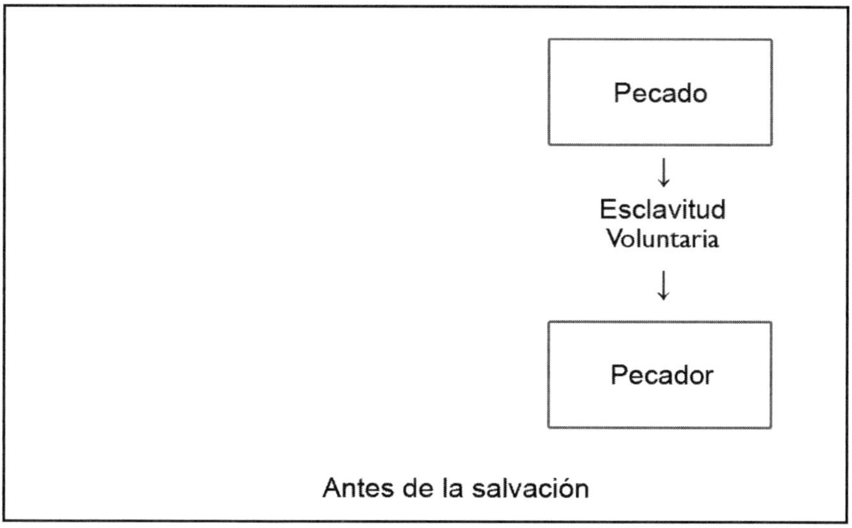

Figura 5

Y pasando al Nuevo Testamento, se dice de todos los perdidos que son esclavos del pecado. Esto se ilustra en la Figura 5. Romanos 6:16 hace una de las exposiciones más claras de esta verdad:

> *¿No sabéis que si os sometéis a alguien como esclavos para obedecerle, sois «esclavos» (plural de doulos) de aquel a quien obedecéis, sea del pecado para muerte, o sea de la obediencia para justicia?*

En el resto del pasaje, Romanos 6:16-23, Pablo explica que han sido librados de su esclavitud al pecado, y se han hecho esclavos de la justicia:

> *¿No sabéis que si os sometéis a alguien como esclavos para obedecerle, sois esclavos de aquel a quien obedecéis, sea del pecado para muerte, o sea de la obediencia para justicia? Pero gracias a Dios, que aunque erais esclavos del pecado, habéis obedecido de corazón a aquella forma de doctrina a la cual fuisteis entregados; y libertados del pecado, vinisteis a ser siervos de la justicia. Hablo como humano, por vuestra humana debilidad; que así como para iniquidad presentasteis vuestros miembros para servir a la inmundicia y a la iniquidad, así ahora para santificación presentad vuestros miembros para servir a la justicia. Porque cuando erais esclavos del pecado, erais libres acerca de la justicia. ¿Pero qué fruto teníais de aquellas cosas de las cuales ahora os avergonzáis? Porque el fin de ellas es muerte. Mas ahora que habéis sido libertados del pecado y hechos siervos de Dios, tenéis por vuestro fruto la santificación, y como fin, la vida eterna. Porque la paga del pecado es muerte, mas la dádiva de Dios es vida eterna en Cristo Jesús Señor nuestro.*

Para tratar de entender este pasaje, digamos que es evidente que la ilustración de Pablo se refiere a un contexto de esclavitud. Él se dirigía a lectores familiarizados con la esclavitud y con la manera en que un amo vendía a otro un esclavo. La única diferencia es que su esclavitud al pecado había sido voluntaria, y que, en respuesta al evangelio, ellos habían cambiado voluntariamente la obediencia a su antiguo amo, el pecado, por el nuevo, cuyo nombre es «justicia» (v. 19), y «Dios» (v. 22). Obedecen ahora a su nuevo maestro, no más al antiguo, el pecado. Vemos por la ilustración de Pablo que el efecto de hacerse esclavo de Dios será una vida de justicia, y su fruto, vida eterna (v. 22). Esto se ilustra en la Figura 6.

Lo que falta en la explicación de Pablo es el precio del rescate que hizo posible transferir a las personas del pecado a Dios. Para dar con esta explicación debemos acudir a varios pasajes, los cuales ya se han mencionado en este capítulo.

> *Por tanto, mirad por vosotros, y por todo el rebaño en que el Espíritu Santo os ha puesto por obispos, para apacentar la iglesia del Señor, la cual él «ganó por su propia sangre»* (Hechos 20:28).

Los dos pasajes siguientes declaran la misma verdad en distintos términos, recurriendo a la palabra «comprados» en vez de «ganados» o «adquiridos», que emplea Hechos 20:28:

> *Porque habéis sido «comprados» por precio; glorificad, pues, a Dios en vuestro cuerpo y en vuestro espíritu, los cuales son de Dios* (1 Co 6:20).

> *Por precio fuisteis «comprados»; no os hagáis esclavos de los hombres* (1 Co 7:23).

En Hechos 20:28, Pablo declara específicamente que el precio de adquisición en esta transacción de esclavos es «la propia sangre de Jesús». Por supuesto, sabemos que él derramó su sangre durante la espantosa experiencia que padeció, comenzando en el huerto de Getsemaní y acabando en la cruz. También es obvio que el derramamiento de su sangre representa la donación de su vida. Él dio su vida en la cruz como ofrenda por nuestro pecado, y ese fue el «precio de rescate» por muchos:

> *...como el Hijo del Hombre no vino para ser servido, sino para servir, y para «dar su vida en rescate» por muchos* (Mt 20:28).

> *Porque el Hijo del Hombre no vino para ser servido, sino para servir, y para «dar su vida en rescate» por muchos* (Mr 10:45).

> *...«el cual se dio a sí mismo en rescate» por todos, de lo cual se dio testimonio a su debido tiempo* (1 Ti 2:6).

Gálatas 4:5 declara que Jesús vino a redimir a los que estaban bajo la ley para que pudieran recibir la adopción como hijos. Este versículo deja meridianamente claro que Jesús es Quien redimió, o adquirió, al esclavo de su antiguo amo. Una añadidura maravillosa es que él va a tomar a todos los esclavos adquiridos y concederles la condición de hijos adoptivos.

(Tito 2:14) *«…quien se dio a sí mismo por nosotros para redimirnos de toda iniquidad y purificar para sí un pueblo propio, celoso de buenas obras»*, es una modificación de la misma verdad con varias añadiduras. En primer lugar, él se «dio a Sí mismo», o de alguna manera se hizo «rescate» para los que serían librados del pecado. En segundo lugar, él nos salva de toda maldad (en griego, literalmente, injusticia, "*anomia*"). Y en tercer lugar, él está haciendo a los que eran esclavos del pecado «pueblo suyo especial». Esto equivale a su «adopción como hijos»; Gálatas 4:5.

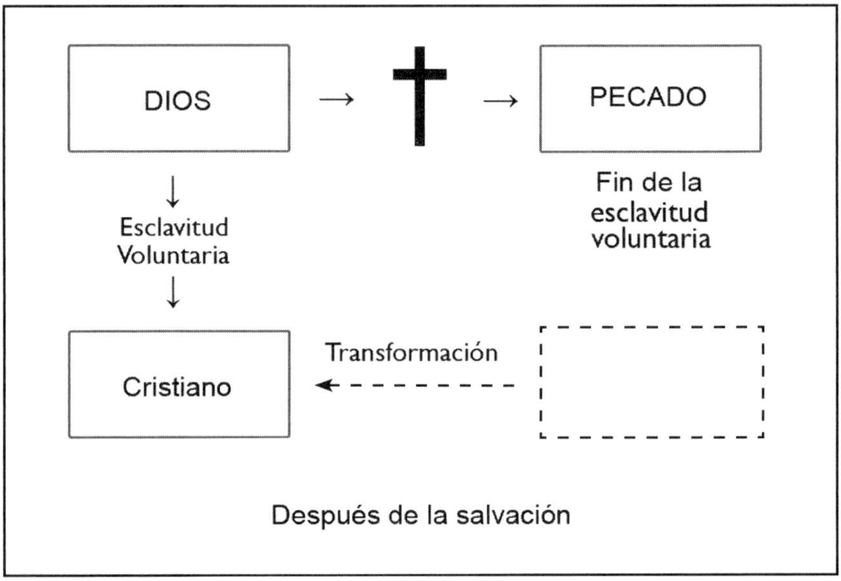

Figura 6

He intentado resumir el mensaje del evangelio en la Figura 6. Éramos esclavos voluntarios del pecado. El Señor Jesús se entregó a sí mismo en la cruz, como ofrenda por nuestro pecado, y derramó su sangre, demostrando así el amor de Dios por todos los que éramos esclavos del pecado. De este modo él fue «rescate por todos» (1 Ti 2:6). Todo este proceso se resume con el término «expiación», a veces la «cruz» y a veces el «evangelio». Cuando los que éramos esclavos voluntarios oímos la verdad del amor de Dios por nosotros, se nos quebranta el corazón, el cual es transformado conforme al Salmo 51:16-17:

> *Porque no quieres sacrificio, que yo lo daría; No quieres holocausto. Los sacrificios de Dios son el espíritu quebrantado; Al corazón contrito y humillado no despreciarás tú, oh Dios.*

Por lo tanto, la cruz quebranta nuestro corazón, y el efecto de un «corazón contrito y humillado» es el arrepentimiento, definido sencillamente en el Antiguo y el Nuevo Testamento como un «cambio de mentalidad». El efecto de este cambio de mentalidad es el cambio de la obediencia voluntaria al pecado a la obediencia de Dios. Esta es una transformación de la mente que produce una transformación de la vida. El gráfico no muestra el hecho de que el Espíritu Santo, la tercera Persona de la divina Trinidad, viene a morar en nosotros cuando se produce esta transformación en nuestro corazón:

> *Mas vosotros no vivís según la carne, sino según el Espíritu, si es que el Espíritu de Dios mora en vosotros. Y si alguno no tiene el Espíritu de Cristo, no es de él* (Ro 8:9).

En este capítulo hemos intentado aclarar lo que quiere decir la Biblia con el uso de términos como «rescatar, redimir, adquirir y comprar». En todos los casos, el contexto exige entender estos términos a la luz de la cultura de la esclavitud.

CAPÍTULO 10

Mi propio corazón quebrantado

Mi esposa Shirley y yo teníamos cuatro hijos. Fuimos salvos unos dos meses antes del nacimiento de nuestro hijo mayor, por lo cual, intentamos diligentemente educar a nuestros hijos en el conocimiento y el amor del Señor. Experimentamos los mismos problemas que otras familias sufren con sus hijos, especialmente en sus años adolescentes.

Nuestro hijo menor, Gary, tuvo una hermosa experiencia con el Señor a los dieciséis años y durante dos años fue fiel en el servicio al Señor. Es más, él y su mejor amigo abrieron un ministerio de café-bar para jóvenes, que duró más de un año, por medio del cual varios jóvenes hallaron al Señor. Pero algo sucedió cuando tenía dieciocho años cumplidos. Perdió interés en las cosas espirituales, dejó de asistir a la iglesia, y cambió de amigos, muchos de los cuales, estamos convencidos, ejercieron en él una nefasta influencia. Le sorprendimos en muchas mentiras, mientras intentaba engañarnos en varios aspectos de su vida. Sabemos que fumaba porque le sorprendimos, aunque él lo negaba. Mi esposa halló también pornografía en su habitación. Sospechábamos un posible consumo de drogas, aunque no hallamos ninguna evidencia directa a este respecto, pero después de su muerte, hallamos pruebas de que había empezado a beber.

Confieso esto para que usted sepa la inmensa carga que se cernía sobre nuestro corazón. Pastoreábamos una iglesia bastante exitosa en Chesapeake, Virginia, pero el principal agobio que sentíamos era el angustioso anhelo de que este hijo volviese a mantener una relación con el Señor. No había manera en que yo pudiese decir a los jóvenes de nuestra iglesia que podían vivir como mi hijo y mantener una buena relación con Dios. La situación se prolongó durante dos años. El 25 de enero de 1976, un sábado, a sus 20 años, Gary salió de casa con su amigo George, para pasar el fin de semana en la granja del tío de éste, situada a unos ochenta kilómetros de distancia. Como a las 10 de la noche, Gary llamó a casa para decir a su madre que había llegado bien, que no se preocupara y que nos vería al día siguiente (domingo) por la noche». Y como resulta que el domingo es un día muy ocupado para un pastor, nos acostamos a esa misma hora.

A eso de las 4:30 de la madrugada sonó el timbre de la puerta. Me levanté y fui, en pijama, a ver quién era; di la luz del porche y vi que era un policía. Le abrí la puerta y le pregunté qué deseaba. Él me preguntó a su vez:

—¿Es usted el reverendo Harvey?

—Sí —le contesté e insistí—. ¿En qué le puedo ayudar?

Todavía lo recuerdo como si fuera a cámara lenta. Él extendió su mano izquierda la puso sobre mi hombro derecho y me dijo:

—Reverendo Harvey, lamento informarle que su hijo Gary ha fallecido en un accidente de automóvil esta madrugada.

¿Cómo se prepara uno para recibir una noticia como esta? Me quedé como entumecido mentalmente por dos horas. Recuerdo que volví al dormitorio, y mi esposa —se estaba vistiendo— me preguntó qué pasaba. Yo le respondí que Gary había fallecido en un accidente y nos abrazamos y lloramos por un buen rato.

No recuerdo quién llamó a nuestros dos hijos casados, pero al cabo de poco tiempo se presentaron con sus parejas, y a eso de las 6:30 de la mañana viajábamos por la ruta 17 en dirección a Elizabeth City, Carolina del Norte, hacia el hospital donde el oficial nos había dicho que habían llevado el cuerpo de Gary. Conducía mi hijo mayor, Larry. Yo ocupaba el asiento delantero, y mi esposa e hija mayor, el asiento de atrás.

Amanecía un hermoso día de enero: la gente comenzaba a levantarse. Unos sacaban sus perros a pasear; algunos muchachos repartían periódicos; otros iban a la iglesia. Recuerdo que pensé: «¿Qué pasa con la gente? Actúan como si fuera un día normal». Y, por supuesto, para ellos todo era normal. Ignoraban nuestra pérdida.

Antes había consultado mi reloj y eran las 6:30 de la mañana. El policía me había dicho que el accidente había ocurrido sobre la 1:30 de la madrugada. Esto es lo que recuerdo de su descripción del accidente. Los chicos debieron salir a dar una vuelta a medianoche. Fue hallada en el auto una botella de vodka por la mitad, de modo que, obviamente, habían estado bebiendo. Circulaban por una estrecha carretera de doble sentido de Carolina del Norte, se salieron de la carretera y chocaron contra una especie de columnas de una vía de acceso. El auto dio varias vueltas de campana antes de detenerse, volcado, y en su trayectoria arrojó fuera a sus dos jóvenes pasajeros. Un granjero vecino oyó el ruido del choque y llamó al 911, y al cabo de poco, la policía y una ambulancia llegaron al lugar del accidente. Hallaron a mi hijo en la cuneta, aún vivo. Murió en la ambulancia de camino al hospital. Después, la persona que le atendió nos intimó que lo único que dijo antes de morir fue que pidió la ayuda de su madre.

Todo esto me daba vueltas en la cabeza cuando consulté mi reloj a las 6:30 de la mañana. Recuerdo que pensé: «Cinco horas de una eternidad sin Dios». Y mi corazón se quebrantó. El resto del trayecto al hospital mantuve la mano sobre el reloj para no seguir computando cuánto tiempo llevaba mi hijo muerto. En ese tiempo, me hice una buena idea de cómo es el infierno. Recordé que la Biblia califica el infierno de «tinieblas de afuera» (Mt 25:30), y «densa oscuridad» (2 P 2:17; Judas 13), y experimenté esa terrible oscuridad en mi mente y corazón.

Había un versículo en la Biblia que nunca había comprendido:

> *Porque deseara yo mismo ser anatema, separado de Cristo, por amor a mis hermanos, los que son mis parientes según la carne* (Ro 9:3).

Pablo afirma en este versículo que deseara él mismo estar «separado de Cristo», o perdido eternamente, por amor de sus hermanos israelitas, con tal que ellos fueran salvos. Yo solía leer este versículo y pensar: «No hay nadie por quien yo esté dispuesto a perderme para que él pueda ser salvo». No obstante, aquella mañana cambié repentinamente de forma de pensar. Recuerdo que oré: «Dios, ¿hay alguna manera en que yo pueda ocupar su lugar para darle otra oportunidad?».

Por supuesto, no la había. El Señor Jesús ya había provisto expiación por su pecado y él se había apartado de la gran salvación que es en Cristo.

Cuando llegamos a Elizabeth City, hablamos con el médico, pero no nos permitió ver el cuerpo de Gary. Nos entregó las escasas pertenencias encontradas en sus bolsillos y nos marchamos. Cuando nos disponíamos a emprender el viaje de regreso a casa, nos acordamos de que George, el amigo de Gary, aún estaría allí. También había sido arrojado fuera del auto, y resultado herido, más no muerto, e ingresado en el hospital. George era hijo de un matrimonio de amigos muy queridos, de quienes éramos pastores.

Más tarde descubrimos que mientras subíamos en el ascensor para ver a George, ambos nos habíamos preguntado lo mismo: «¿Seríamos capaces de perdonarle?».

El hospital estaba lleno, de suerte que George ocupaba una cama en un pasillo. Doblamos una esquina y cuando nos vio, empezó a llorar, casi a gritar:

—Yo maté a Gary, yo maté a Gary; lo siento, lo siento mucho.

Ni mi esposa ni yo recordamos cómo nos acercamos a la cama de George; lo que sí recordamos es que nos arrodillamos a cada lado de la cama con las manos enlazadas sobre su cuerpo para perdonarle y orar por él. Después, camino a casa, mi esposa me dijo: «Ahora sé que nadie me puede hacer nada que yo no pueda perdonar. Si pude perdonar a George por la muerte de nuestro hijo tan pronto, sé que puedo perdonar cualquiera cosa que se me haga».

Llegamos a casa sobre las 11:30 de la mañana. Vimos que había un coche estacionado en el tramo de acceso a nuestra casa. Era una familia de viejos amigos que habían asistido a la iglesia en el pasado. Sin embargo, dejaron de asistir al templo por causa de algunas diferencias teológicas y casi no les habíamos visto desde hacía un año. Pero como era domingo por la mañana y no iban a ninguna iglesia, ellos fueron los primeros que se acercaron a nuestra casa después de recibir la noticia de la muerte de nuestro hijo. Nos expresaron su condolencia y les invitamos a entrar. Nos sentamos en el salón y la conversación empezó a girar en torno a temas intrascendentes. Personalmente, desprecio la conversación intrascendente cuando hay asuntos importantes que tratar. De manera que después de unos minutos me fui a la cocina y sollocé quedamente. Después de unos minutos, se acercó mi esposa, me rodeó con sus brazos, puso su cabeza sobre mi hombro y me preguntó:

—¿Qué te pasa, cariño?

—¿Cómo es que ha hecho falta que nuestro hijo muriera para que personas que amamos hayan vuelto a nosotros? —le respondí.

Ella me contestó con la frase más profunda que he escuchado jamás:

—No lo sé, pero ¿por qué tuvo que morir el Hijo de Dios para que nosotros viniéramos a él?

Cientos de personas acudieron a nuestra casa aquella tarde. Lloraron, oraron con nosotros, nos abrazaron y nos mostraron su amor sincero. Recuerdo especialmente al pastor de una iglesia presbiteriana local. Era un hombre de gran envergadura. Se acercó a mí, me dio un gran abrazo y lloró. Después de unos minutos, me dejó y se marchó sin decir palabra. Fue una de las cosas que más me conmovieron aquella tarde. En cierto momento eché en falta a mi esposa. Eché un vistazo en el salón, entre la gente, y no la vi. Finalmente, noté que el cable del teléfono de la cocina llegaba hasta el comedor, cuya mesa tenía un mantel que casi tocaba el suelo. Levanté un poco el mantel y allí estaba mi esposa, acurrucada, escondida debajo de la mesa, conversando animadamente. Me hizo señas para que la dejara sola y le hice caso. Después me contó que alguien a quien no conocía, y que no sabía que nuestro hijo hubiera fallecido, le había llamado para solicitarle consejo personal. Y sin comunicar a la señora nuestra situación familiar, dedicó casi una hora a ministrar los problemas personales de la mujer. Y me confió que Dios fue muy bueno con ella, porque la ayudó a apartar el pensamiento de sí misma y de su propio sufrimiento personal mientras ministraba a aquella mujer. Finalmente, todo el mundo se marchó y nos acostamos alrededor de las 10 de la noche. Yo creí que nunca volvería a dormir, pero me equivoqué.

Como a eso de las 4:30 de la madrugada, 24 horas después de recibir la trágica noticia de nuestro hijo, me desperté. El dormitorio estaba muy oscuro, no se veía ninguna luz nocturna. Todo eran tinieblas. Lo primero que noté fue que tenía el rostro humedecido. Me llevé la mano a la cara y noté que la almohada también estaba húmeda, y que había estado llorando mientras dormía. Nunca me había sucedido eso ni me ha vuelto a suceder. Luego extendí la mano izquierda para tocar a mi esposa, ya que no quería despertarla. Pero ella no estaba en la cama; se había levantado y refugiado en algún rincón de la casa, como hizo muchas noches en semanas sucesivas. De manera que, como ella no estaba allí y no podía molestarla empecé a orar en voz audible. Hablé con Dios acerca de mi corazón quebrantado, y le pregunté cómo iba a poder reanudar mi vida diaria. Cómo podía apartar el pensamiento de mi hijo: que él no estuviera en la presencia del Señor, sino en el infierno, y de mi propio sufrimiento. No sé cuánto tiempo estuve orando, si fueron cinco minutos o veinte, no tengo ni idea.

Cuando dejé de orar, Dios me habló al corazón. Me dijo:

—Hijo, ¿te acuerdas cuando oraste y me preguntaste cómo me sentía cuando alguno rechazaba la salvación que es en Cristo y entraba en la eternidad sin ser salvo?

—Lo recuerdo, Señor —le respondí—, yo quería tener un corazón compungido por los perdidos.

Entonces él me dijo:

—No había manera de responder a tu oración en aquel momento, pero puedo hacerlo ahora. Cada vez que eso sucede siento lo mismo que tú sientes por tu hijo perdido. Pero tú has perdido solo un hijo, mientras que en las veinticuatro horas que han transcurrido desde que tú perdiste a tu hijo, yo he perdido miles y siento por cada uno de ellos lo mismo que tú sientes por el tuyo.

En ese momento, un lunes por la mañana temprano, en un dormitorio oscuro, mi enfoque se desvió de mi propio corazón quebrantado al suyo. En ese momento comprendí el corazón quebrantado de Dios por los hombres y las mujeres que ama, que le rechazan, así como la gran salvación que él ha provisto para ellos. Recuerdo que levanté las manos en la oscuridad y exclamé: «¡Dios mío, cómo puedes soportarlo!».

Transcurrieron otros dos días muy ajetreados, en los que recibimos muchas visitas que nos expresaron amor y simpatía. El funeral y entierro de Gary se celebró el miércoles, 28 de enero de 1976. El jueves siguiente fue el primer día en que las únicas personas que había en la casa eran miembros de la familia. Después de desayunar, mi esposa y yo nos sentamos en el salón. Me senté en mi sillón favorito, y recuerdo que mi cabeza daba vueltas como una secadora de ropa. Los pensamientos se agolpaban en mi mente: «¿Cómo voy a funcionar cada día? ¿Cómo voy a preparar un sermón para el domingo? ¿Cómo voy a ser un buen marido, padre, vecino, pastor? Tengo que rehacer mi vida y no sé cómo hacerlo».

Justo entonces, mi hija mayor, Cheryl, entró en el salón, seguida de su marido de seis meses. Se acercó a mí, se arrodilló y me puso las manos sobre las rodillas. Su marido se colocó detrás de ella y puso las manos sobre sus hombros. Me miró —las lágrimas le corrían por las mejillas— y me dijo: «Papá, sabemos cuánto daño te ha hecho la muerte de Gary. Por eso Mike y yo hemos venido a hacerte una promesa. Te prometemos que vamos a vivir de tal manera que no te causemos ninguna aflicción ni tristeza, sino sólo gozo y hacerte sentir orgulloso».

Fue como una explosión de luz en mi cerebro. Al instante, Dios me habló al corazón: «Dean, eso es lo que quiero que hagas; hay bastante gente que me causa tristeza; quiero que a partir de este momento vivas para causarme gozo y no dolor». Temprano el lunes por la mañana, yo había preguntado al Señor: «¿Cómo puedes soportarlo?». Y me di cuenta que las palabras de mi hija respondían a mi oración inquisitiva. El corazón de Dios sigue quebrantado por el pecado, por todo el pecado, y él está haciendo todo lo que buenamente puede por llevar a todos los hombres al arrepentimiento y la transformación.

Después, descubrí el Salmo 16:3:

> *Para los santos que están en la tierra, y para los íntegros, es toda mi complacencia.*

Así pues, aunque el gran corazón de Dios está quebrantado por todos los que se pierden voluntariamente, su gran corazón se consuela por los que hemos vuelto a él conforme a su gran plan de salvación y restauración. Fue mi hija, con su compromiso de no ocasionarme ninguna tristeza, quien me enseñó que el compromiso de cada uno de nosotros es lo que ayudará a sanar el corazón más grande que existe.

Esta ha sido la pauta básica de mi vida desde aquellos días: vivir cada día de tal manera que no ocasione tristeza ni dolor al corazón de Dios, sino sólo gozo. Insto a mis lectores a hacer este compromiso a partir de este momento: vivir cada día para ocasionar gozo, no dolor, al corazón del Dios que les ama.

APÉNDICE 1

¿Se arrepiente Dios?

Dean H. Harvey

INTRODUCCIÓN: A muchos les parece que el que Dios se «arrepienta» en una situación concreta es una contradicción de palabras. Alegan que si Dios es «inmutable (y no cambia)» entonces no puede «arrepentirse (cambiar de idea, apesadumbrarse)» porque tal cosa implicaría alguna mutabilidad en su ser. De aquí que a menudo se intente explicar los pasajes de la Biblia que declaran que Dios se arrepiente. Terence Fretheim, *The Suffering of God*, declara que debemos SER CAUTELOSOS en cuanto a «poner en peligro la *integridad* y la coherencia de las palabras de Dios: ¿Quiere Dios realmente decir lo que dice o no?»[1]

I. PASAJES QUE TRATAN LA IDEA DE SI DIOS SE ARREPIENTE O NO – El Antiguo Testamento habla del «arrepentimiento» de Dios, pero el Nuevo sólo una vez, y esta referencia (Heb 7:21) es una cita de una negativa de su cambio de parecer en el Antiguo Testamento (Sal 110:4). El verbo hebreo a este respecto es siempre *nhm* (usado en el Nifal, Piel, Pual e Hizpael), «lamentarse, arrepentirse, consolarse». Los versículos pertenecen a la versión RV60.[2]

1 Terence E. Fretheim, *The Suffering of God* (Philadelphia: Fortress Press, 1984), p. 47.
2 Los códigos de las palabras entre paréntesis son de las versiones: NVI (I), LBLA (A), NTV (V).

A. Pasajes que normalmente se consideran *positivos*, o indican que Dios *puede* y quiere *arrepentirse*.

1 y 2. Génesis 6:6-7 Y se arrepintió Jehová (lo mismo-I; le pesó-A; lamentó-V) de haber hecho hombre en la tierra, y le dolió en su corazón. Y dijo Jehová: «Raeré de sobre la faz de la tierra a los hombres que he creado, desde el hombre hasta la bestia, y hasta el reptil y las aves del cielo; pues me arrepiento (lo mismo-I; me pesa-A; lamento-V) de haberlos hecho».

3 y 4. Éxodo 32:12-14 ¿Por qué han de hablar los egipcios, diciendo: Para *mal* los sacó, para matarlos en los montes, y para raerlos de sobre la faz de la tierra? Vuélvete del ardor de tu ira, y arrepiéntete (no traigas-I; desiste-A; cambia de parecer-V) de este mal contra tu pueblo. Acuérdate de Abraham, de Isaac y de Israel tus siervos, a los cuales has jurado por ti mismo, y les has dicho: «Yo multiplicaré vuestra descendencia como las estrellas del cielo; y daré a vuestra descendencia toda esta tierra de que he hablado, y la tomarán por heredad para siempre». Entonces Jehová se arrepintió (desistió-I; lo mismo-A; cambió de parecer-V) del mal que dijo que había de hacer a su pueblo».

5. Deuteronomio 32:36 Porque Jehová juzgará a su pueblo, Y por amor de sus siervos se arrepentirá (tendrá compasión-I; lo mismo-A; cambiará de parecer-V), cuando viere que la fuerza pereció, Y que no queda ni siervo ni libre.

6. Jueces 2:18 Y cuando Jehová les levantaba jueces, Jehová estaba con el juez, y los libraba de mano de los enemigos todo el tiempo de aquel juez; porque Jehová era movido a misericordia (se compadecía-I; lo mismo-A; tenía compasión-V) por sus gemidos a causa de los que los oprimían y afligían.

7. 1 Samuel 15:11 «Me pesa (me arrepiento-I; me pesa-A; lamento-V) haber puesto por rey a Saúl, porque se ha vuelto de en pos de mí, y no ha cumplido mis palabras». Y se apesadumbró Samuel, y clamó a Jehová toda aquella noche.

8. 1 Samuel 15:35 Y nunca después vio Samuel a Saúl en toda su vida; y Samuel lloraba a Saúl; y Jehová se arrepentía (se había arrepentido-I; lo mismo-A; se lamentó-V) de haber puesto a Saúl por rey sobre Israel.

9. 2 Samuel 24:16 Y cuando el ángel extendió su mano sobre Jerusalén para destruirla, Jehová se arrepintió (lo mismo-I; lo mismo-A; desistió-V) de aquel mal, y dijo al ángel que destruía al pueblo: «Basta ahora; detén tu mano». Y el ángel de Jehová estaba junto a la era de Arauna jebuseo.

10. 1 Crónicas 21:15 Y envió Jehová el ángel a Jerusalén para destruirla; pero cuando él estaba destruyendo, miró Jehová y se arrepintió (lo mismo-I; sintió pesar-A; desistió-V) de aquel mal, y dijo al ángel que destruía: «Basta ya; detén tu mano». El ángel de Jehová estaba junto a la era de Ornán jebuseo».

11. Salmo 90:13 Vuélvete, oh Jehová; ¿hasta cuándo? Y *aplácate* (compadécete-I; lo mismo-A; lo mismo-V) para con tus siervos.

12. Salmo 106:45 Y se acordaba de su pacto con ellos, y se arrepentía (tuvo compasión-I; se arrepintió-A; desistió-V) conforme a la muchedumbre de sus misericordias.

13. Salmo 135:14 Porque Jehová juzgará a su pueblo, y *se compadecerá* (tendrá compasión-I; lo mismo-A; lo mismo-V) de sus siervos.

14. Jeremías 15:6 Tú me dejaste, dice Jehová; te volviste atrás; por tanto, yo extenderé sobre ti mi mano y te destruiré; estoy cansado de *arrepentirme* (de tener compasión-I; de compadecerme-A; de darte siempre otra oportunidad-V).

15 y 16. Jeremías 18:8-10 Pero si esos pueblos se convirtieren de su maldad contra la cual hablé, yo me arrepentiré (lo mismo-I; lo mismo-A; no la destruiré-V) del mal que había pensado hacerles, y en un instante hablaré de la gente y del reino, para edificar y para plantar. Pero si hiciere lo malo delante de mis ojos, no oyendo mi voz, me arrepentiré (lo

mismo-I; lo mismo-A; no la bendeciré-V) del bien que había determinado hacerle.

17. Jeremías 26:3 Quizá oigan, y se vuelvan cada uno de su mal camino, y me arrepentiré (lo mismo-I; yo me arrepienta-A; cambiaré de parecer-V) yo del mal que pienso hacerles por la maldad de sus obras.

18. Jeremías 26:13 Mejorad ahora vuestros caminos y vuestras obras, y oíd la voz de Jehová vuestro Dios, y se arrepentirá (lo mismo-I; lo mismo-A; cambiará de parecer) Jehová del mal que ha hablado contra vosotros.

19. Jeremías 26:19 ¿Acaso lo mataron Ezequías rey de Judá y todo Judá? ¿No temió a Jehová, y oró en presencia de Jehová, y Jehová se arrepintió (lo mismo-I; lo mismo-A; cambió de parecer-V) del mal que había hablado contra ellos? ¿Haremos, pues, nosotros tan gran mal contra nuestras almas?

20. Jeremías 42:10 Si os quedareis quietos en esta tierra, os edificaré, y no os destruiré; os plantaré, y no os arrancaré; porque estoy arrepentido (me duele-I; estoy arrepentido-A; lamento-V) del mal que os he hecho.

21. Oseas 13:14 De la mano del Seol los redimiré, los libraré de la muerte. Oh muerte, yo seré tu muerte; y seré tu destrucción, oh Seol; la compasión será escondida de mi vista (no les tendré misericordia-I; la compasión estará oculta-A; no les tendré compasión-V).

22 y 23. Joel 2:13-14 Rasgad vuestro corazón, y no vuestros vestidos, y convertíos a Jehová vuestro Dios; porque misericordioso es y clemente, tardo para la ira y grande en misericordia, y que se duele (cambia de parecer-I; se arrepiente-A; es misericordioso y compasivo-V) del castigo. ¿Quién sabe si volverá y se arrepentirá (cambie de parecer-I; se apiadará-A; quizá les suspenda el castigo) y dejará bendición tras de él, esto es, ofrenda y libación para Jehová vuestro Dios?

24 y 25. Amos 7:3-6 Se arrepintió (se compadeció-I; se apiadó-A; se retractó-V) Jehová de esto: No será, dijo Jehová.

Se arrepintió (se compadeció-I; se apiadó-A; se retractó-V) Jehová de esto: No será esto tampoco, dijo Jehová el Señor.

26 y 27. Jonás 3:9-10 ¿Quién sabe si se volverá y se arrepentirá (cambie de parecer-I; se vuelva, se arrepienta-A; cambie de parecer-V) Dios, y se apartará del ardor de su ira, y no pereceremos? Y vio Dios lo que hicieron, que se convirtieron de su mal camino; y se arrepintió (cambió de parecer-I; se arrepintió-A; cambió de parecer-V) del mal que había dicho que les haría, y no lo hizo.

28. Jonás 4:2 Y oró a Jehová y dijo: Ahora, oh Jehová, ¿no es esto lo que yo decía estando aún en mi tierra? Por eso me apresuré a huir a Tarsis; porque sabía yo que tú eres Dios clemente y piadoso, tardo en enojarte, y de grande misericordia, y que *te arrepientes* (cambias de parecer-I; te arrepientes-A; estás dispuesto a perdonar-V) del mal.

B. Pasajes que *normalmente* se consideran *negativos*, o indican que Dios *no quiere* o *no puede* arrepentirse.

1. Números 23:19 Dios no es hombre, para que mienta, ni hijo de hombre para que se arrepienta (cambiar de parecer-I; se arrepienta-A; no cambia de parecer-V). Él dijo, ¿y no hará? Habló, ¿y no lo ejecutará?

a. Esta declaración de Balaam es parte de una profecía solicitada por Balac, rey de Moab, para que Israel fuera maldecido. Balaam, según su propósito expreso de declarar solamente la Palabra de Dios —«la palabra que yo (Dios) te diga, esa hablarás» (Nm 22:35) —, afirma aquí que Dios se ha comprometido a bendecir a Israel conforme a su promesa dada (a Abraham, Isaac, Israel, y a otros después). En un contexto más amplio, esto es lo que puede significar, aunque se suele usar fuera de contexto, e ignorando otra evidencia bíblica.

2 y 3. 1 Samuel 15:29 Además, el que es la Gloria de Israel no mentirá, ni se arrepentirá (ni cambia de parecer-I; ni cambiará su propósito-A; ni cambiará de parecer-V), porque

no es hombre para que se arrepienta (lo mismo-I; cambie de propósito-A; cambie de parecer-V).

a. Parte del problema estriba en confundir los atributos naturales y morales de Dios y cómo él actúa en consecuencia. El poseer ciertos atributos determina su respuesta en ciertas situaciones. Por ejemplo, Dios es misericordioso y cuando oye el clamor de la viuda o del huérfano se compadece, pues se le «conmueven las entrañas». Y puesto que nos ama, responde con gozo y felicidad cuando vivimos como debemos o hacemos lo bueno. Él se entristece y se aflige cuando no lo hacemos o cuando sufrimos daños. La inmutabilidad de Dios se presenta en la Biblia como aplicable *tanto* a los atributos naturales como morales de Dios. Se hacen simplemente declaraciones del ser y carácter de Dios. El «arrepentimiento» o «mutabilidad» de Dios *también* es presentada, *aunque* restringida, a sus actos, decisiones y emociones en respuesta a las circunstancias del hombre. Él cambia de idea y experimenta emociones *debido* a su ser y su carácter inmutable. Por lo tanto, afirmar que Dios se arrepiente o cambia una decisión que ha tomado no quiere decir que él puede cambiar su carácter o volverse arbitrariamente malo y caprichoso. No quiere decir que Dios puede o quiere cambiar alguno de sus principios de justicia y misericordia con los que gobierna el mundo. En otras palabras, decir que Dios es mudable es afirmar que es libre para responder al hombre con arreglo a sus principios y que puede verse afectado en sus emociones por distintas circunstancias como consecuencia directa de sus atributos inmutables.

El verdadero problema, desde mi punto de vista, es la creencia en la presciencia absoluta de Dios. Si Dios conoce absolutamente todo lo que va a suceder, y lo ha previsto desde la eternidad, entonces es teológica y lógicamente imposible que Dios se arrepienta realmente, o cambie de parecer. Los 22 pasajes en los se afirma positivamente que Dios se arrepiente deben eliminar definitivamente la creencia en la absoluta presciencia divina.

I. Exégesis: 1 S 8-15

A. 1 S 8:7 – Israel rechaza a Dios y pide rey.

B. 1 S 9:16 – Dios conserva la prerrogativa de escoger el rey que los israelitas solicitaron. Escogió a Saúl. ¿Escogió al mejor hombre para llevar a cabo la tarea?

C. 1 S 10:1 – Saúl dijo que Dios le había escogido.

D. 1 S 10:24 – Pública presentación de Saúl como rey.

E. 1 S 11:15 – Pública aceptación del rey Saúl, después de ganar reconocimiento con una victoria sobre los amonitas.

F. 1 S 12 – El testimonio de Saúl, la demostración del poder de Dios para mostrar a Israel su pecado por querer tener rey, y la promesa condicional.

G. 1 S 13:8-14 – primer pecado de Saúl al asumir el cargo de sacerdote y la declaración de los versículos 3-14.

1. Saúl debía haber sido rey de Israel más de 20 años por ese tiempo, porque Jonatán ya había crecido y era soldado. Saúl estaba soltero cuando fue ungido rey.

2. Examinando la cronología de los reyes, David probablemente nació cuando Saúl había sido rey unos diez años.

II. 1 S 15:29: Además, el que es la Gloria de Israel no mentirá, ni se *arrepentirá* (ni cambia de parecer-I; cambie de propósito-A; ni cambiará de parecer-V), porque no es hombre para que se *arrepienta* (lo mismo-I; cambie de propósito-A; cambie de parecer-V).

A. Esta declaración debe hacer referencia a la decisión divina de quitar el reino de Israel a Saúl, a la luz de 1 S 13:13-14. Dios ha tomado la decisión, basada en la actuación de Saúl, de apartarle del reino. La desobediencia, en 1 S 15, simplemente confirma la condición del corazón de Saúl.

B. El contexto desde los capítulos 9-15 de 1 Samuel revela que *Dios ya ha cambiado de parecer acerca de Saúl*, debido a lo que ha tenido lugar en su corazón, mostrado por su desobediencia a Dios. La anterior declaración es una respuesta a la petición de perdón de Saúl, en 1 S 15:24-25, y al asimiento y desgarre del manto de Samuel, en 1 S 15:27. La declaración «*Dios no miente ni se arrepiente*», es ciertamente verdadera. Él no ha mentido, sino que ha sido veraz en todo el episodio relacionado con Saúl. No ha cambiado de parecer acerca de *lo que requiere de un rey, pero sí en cuanto a que Saúl ocupe ese cargo*. Él responde a la condición que ve en el corazón de Saúl.

C. Pero Dios no cambió sus propósitos, sus principios o su carácter. Siguió siendo el mismo, fue Saúl quien cambió su carácter, de forma que ya no encajaba en la clase de hombre que Dios quería para guiar a su pueblo.

4. Salmo 110:4 Juró Jehová, y no se arrepentirá (no cambiará de parecer-I; no se retractará-A; no romperá su promesa-V): «Tú eres sacerdote para siempre según el orden de Melquisedec». Citado en Hebreos 7:21.

5. Jeremías 4:28 Por esto se enlutará la tierra, y los cielos arriba se oscurecerán, porque hablé, lo pensé, y *no me arrepentí* (no me retractaré-I; no me arrepentiré, ni me retractaré-A; lo he decidido y no lo cambiaré-V), ni desistiré de ello.

6. Jeremías 20:16 sea el tal hombre como las ciudades que asoló Jehová, y *no se arrepintió* (sin compasión-I; sin piedad-A; sin misericordia-V); oiga gritos de mañana, y voces a mediodía.

7. Ezequiel 24:14 Yo Jehová he hablado; vendrá, y yo lo haré. No me volveré atrás, ni tendré misericordia, ni me

arrepentiré (no tendré compasión ni me arrepentiré-I; no me apiadaré y no me arrepentiré-A; no cambiaré de parecer ni tendré compasión-V); según tus caminos y tus obras te juzgarán, dice Jehová el Señor.

8. Zacarías 8:14 Porque así ha dicho Jehová de los ejércitos: Como pensé haceros mal cuando vuestros padres me provocaron a ira, dice Jehová de los ejércitos, y no me arrepentí (sin ninguna compasión-I; y no me he arrepentido-A; y no cambié de parecer-V).

9. Hebreos 7:21 (porque los otros ciertamente sin juramento fueron hechos sacerdotes; pero éste, con el juramento del que le dijo: Juró el Señor, y no se arrepentirá (no cambiará de parecer-I; y no cambiará-A; y no romperá su juramento-V): Tú eres sacerdote para siempre, según el orden de Melquisedec; cita del Salmo 110:4.

II. DECLARACIÓN SUMARIA: Una lectura atenta de los contextos de las citas de la sección A demuestra que Dios se ha arrepentido (ha cambiado de parecer) en muchas ocasiones. Las Escrituras mencionadas en la sección B declaran que *en una situación contextual particular*, Dios ha decidido que él no va a cambiar de parecer respecto la situación o declaración previa. Cuando se recoge toda la evidencia (contexto amplio), el argumento que justifica que Dios pueda cambiar de parecer es bíblico.

El argumento en favor de que él no puede cambiar de parecer se considera hermenéutico, teológico y supositivo.

A. Declaraciones hermenéuticas que suscitan problemas de contexto inmediato y más amplio.

B. El problema teológico y supositivo es que si Dios tiene conocimiento perfecto de todos los acontecimientos futuros, incluidas las elecciones futuras de todos los agentes morales, el arrepentimiento de Dios, en el sentido de cambiar de parecer, es tanto filosófica como teológicamente imposible.

Por este motivo, el arrepentimiento, por lo que toca a Dios, se suele denominar antropomorfismo, es decir, la «atribución de forma o cualidades humanas a Dios», o *antropopatismo*, o atribución de sentimientos, pasiones, emociones y sufrimientos humanos a Dios».[3] Yo personalmente dudo que haya antropopatismos verdaderos en la Biblia.[4]

III. CONCLUSIÓN: El arrepentimiento, por lo que respecta a Dios, es fácilmente aceptable si se tienen en cuenta dos condiciones.

1. Dios es inmutable (invariable) en su naturaleza, carácter y propósitos, y por tanto, se puede arrepentir prudentemente (cambiar de parecer) cuando los hombres cumplen o dejan de cumplir su responsabilidad en una serie particular de propósitos de Dios. El cambio de parecer de Dios acarreará entonces un cambio verdadero en lo que podría haber sido de otro modo. Estos cambios, no obstante, serán siempre en conformidad con sus propósitos y principios en el trato con el hombre.

2. Si entendemos que él es un Dios personal, que vive y se relaciona con los hombres, y que algunas cosas futuras no están determinadas, sino que dependen de la colaboración entre Dios y el hombre, o entre Dios y un grupo de hombres (grande o pequeño), entonces entenderemos fácilmente por qué Dios cambia de parecer y de actuación en respuesta a la actuación humana.

3 Charles F. Pfeiffer, Howard F. Vos, and John Rea, *Diccionario Bíblico del Nuevo Milenio*, vol. 1 (Vida Publicaciones, 2011).

4 Para reconsiderar la cuestión de Fretheim (p. 1), si Dios no quiere decir lo que dice acerca de su capacidad en estos pasajes, entonces, ¿sobre qué fundamento hemos de confiar en otras declaraciones relacionadas con sus atributos? Las declaraciones antropomórficas pueden ser identificadas en un contexto más amplio que indica que Dios no tiene forma humana. Las declaraciones relacionadas con los atributos de la personalidad divina (mente, voluntad, emociones) en ninguna parte se contradicen ni se niegan.

APÉNDICE 2

La Crucifixión de Jesús

La pasión de Cristo desde un punto de vista médico

C. Truman Davis, M.D., M.S.

Hace varios años me interesé en los aspectos físicos de la pasión, o sufrimiento, de Jesucristo cuando leí un relato de la crucifixión en el libro de Jim Bishop, *El día que murió Cristo*. De pronto me di cuenta que había dado más o menos la crucifixión por sentada durante años, me había endurecido a su horror por haberme acostumbrado fácilmente a detalles desagradables. Por último, se me ocurrió que ni siquiera conocía, como médico, cuál había sido la verdadera causa inmediata de la muerte de Cristo. Los autores de los evangelios no ayudan mucho en este sentido. Dado que la flagelación y la crucifixión eran tan comunes en su tiempo, sin duda, ellos consideraron que era innecesario hacer una descripción pormenorizada. Por esta razón sólo contamos con las palabras concisas de los evangelistas: «Pilato, después de azotar a Jesús, se lo entregó para que lo crucificaran…y lo crucificaron».

A pesar del silencio que guardan los evangelios sobre los detalles de la crucifixión de Cristo, muchos han examinado este tema en el pasado. En mi estudio personal del caso, desde un punto de vista médico, he contraído especialmente deuda con el Dr. Pierre Barbet, cirujano francés, que hizo una investigación histórica y experimental exhaustiva, y escribió extensamente sobre este tema.

El intento de examinar el infinito sufrimiento físico y espiritual del Dios encarnado para expiar el pecado del hombre caído queda fuera del propósito de este artículo. No obstante, podemos examinar con algún detalle los aspectos fisiológicos y anatómicos de la pasión de nuestro Señor. ¿Qué tuvo realmente que soportar el cuerpo de Jesús de Nazaret durante las horas de su tortura?

La pasión física de Cristo comenzó en Getsemaní. De los muchos aspectos de su sufrimiento inicial, uno que tiene un interés fisiológico particular es el sudor de sangre. Resulta interesante que fuera el médico san Lucas el único evangelista que menciona este extremo. Y asegura: «Y estando en agonía, oraba más intensamente; y era su sudor como grandes gotas de sangre que caían hasta le tierra» (Lucas 22:44).

Los eruditos modernos han recurrido a todo recurso imaginable para explicar el fenómeno de la sudoración sanguínea, al parecer, bajo la errada impresión de que esto no puede suceder. Se podría ahorrar una gran cantidad de esfuerzo si se consultase la literatura médica. Aunque es muy raro, el fenómeno de la hematridosis, o sudor de sangre, está bien documentado. Bajo gran estrés emocional, los diminutos vasos capilares de las glándulas sudoríparas pueden reventar, y mezclarse así la sangre con el sudor. Solo este proceso pudo haber producido notable debilidad y posible conmoción.

Aunque la traición y el arresto de Jesús constituyen partes importantes de su pasión, el siguiente aspecto significativo del relato desde una perspectiva médica es su juicio ante el Sanedrín y Caifás, el sumo sacerdote. Ahí se le infligió el primer trauma físico. Un soldado abofeteó a Jesús por guardar silencio al ser interrogado por Caifás. Los guardias del palacio le vendaron los ojos, se burlaban de él, le abofeteaban, le escupían y le preguntaban: «Profetiza, ¿quién es el que te golpeó?».

Temprano en la mañana, apaleado y azotado, deshidratado y agotado, tras toda una noche en vela, Jesús fue arrastrado por las calles de Jerusalén hasta el pretorio de la fortaleza Antonia, sede del gobierno del procurador de Judea, Poncio Pilato. Estamos acostumbrados a la actitud que adoptó Pilato en su intento de evadir su responsabilidad y descargarla sobre Herodes Antipas, tetrarca de Judea. Al parecer, Jesús no sufrió maltrato físico a manos de Herodes y fue devuelto a Pilato. Entonces, para congraciarse con el clamor de la multitud, Pilato ordenó soltar a Barrabás y condenó a Jesús a flagelo y crucifixión.

Se llevaron a cabo preparativos para consumar el castigo de Jesús. El preso fue despojado de su vestimenta, y sus manos, atadas a un poste por encima de la cabeza. Un legionario romano se adelantó con el flagrum, o flagellum, en la mano. Este era un látigo corto que tenía varias correas gruesas de cuero con dos pequeñas bolas de plomo incrustadas en los extremos. El pesado látigo cayó con gran violencia, una y otra vez, sobre los hombros, la espalda y las piernas de Jesús. Al principio las pesadas tiras sólo horadaban la piel, pero a medida que se prolongaban los latigazos, se fueron rasgando los tejidos subcutáneos, ocasionando primeramente un rezumar de sangre de los capilares y las venas más superficiales y, finalmente, un chorro de sangre de vasos y arterias musculares.

Las bolitas de plomo produjeron primeramente grandes y profundas magulladuras que se rompieron con los latigazos subsiguientes. Finalmente, la piel de la espalda quedó hecha trizas y toda su superficie fue una masa irreconocible de tejido rasgado y sangriento. Cuando el centurión encargado pensó que el preso estaba cercano a la muerte, puso fin a la paliza.»

Un Jesús medio desmayado fue entonces desatado, lo que hizo que se desplomara en el suelo, humedecido con su propia sangre. A los soldados romanos les pareció una gran broma el que este judío provinciano se proclamara rey. Le lanzaron una túnica a los hombros y le pusieron una caña en la mano como cetro. Aún necesitaban una corona para completar su parodia. Trenzaron ramas flexibles llenas de afiladas espinas, con las que se solían encender braseros de carbón en el patio, y formaron una ruda corona. Ésta le fue colocada sobre el cuero cabelludo y Jesús volvió a sangrar copiosamente cuando las espinas le traspasaron el tejido vascular. Después de escarnecerle y abofetearle, los soldados le quitaron la caña y comenzaron a darle golpes en la cabeza, con lo cual las espinas le penetraron más profundamente. Finalmente, se cansaron de su sádico deporte y le rasgaron la túnica desde atrás. La túnica ya se le había pegado a los coágulos de sangre y al suero de las heridas, y al arrancársela, lo mismo que cuando se arranca descuidadamente una venda quirúrgica, le causaron un dolor agudísimo. Las heridas volvieron a sangrar.

Gólgota

Por deferencia hacia las costumbres judías, los romanos, según parece, le devolvieron su vestimenta. El pesado patíbulo de la cruz iba atado a sus hombros. La procesión del Cristo condenado, los ladrones, y el pequeño destacamento de ejecución conducido por un centurión inició lentamente la ruta hoy conocida como Vía Dolorosa.

A pesar del esfuerzo de Jesús por andar erguido, el grave peso del madero y la conmoción sufrida por la copiosa pérdida de sangre, eran demasiado para sobrellevarlo. Tropezó y cayó. La áspera textura de la viga le sajaba su lacerada piel y los músculos de los hombros. Intentó levantarse, pero los humanos músculos ya no daban más de sí.» El centurión, deseoso de llevar adelante la crucifixión, escogió a un fornido espectador norteafricano, Simón de Cirene, para acarrear la cruz. Jesús le siguió aún sangrando y sudando frías gotas de postración. El trayecto de 600 metros desde la fortaleza Antonia hasta el Gólgota por fin se completó. El preso volvió a ser despojado de su vestimenta, salvo un paño que le cubría el lomo, el cual se les permitía retener a los judíos.

La crucifixión comenzó. A Jesús se le ofreció un brebaje de vinagre mezclada con mirra, un suave analgésico que aliviaba el dolor. Él lo rechazó. A Simón se le ordenó dejar el patíbulo en el suelo y Jesús fue inmediatamente echado de espaldas, con los hombros contra el madero. El legionario palpó la depresión en la muñeca. Traspasó profundamente con un pesado clavo de forja cuadrada la muñeca y la madera. Rápidamente se movió hacia el otro lado y repitió la misma operación, poniendo cuidado de no tensar los brazos demasiado, sino permitiendo un poco de holgura y movimiento. El patíbulo fue entonces levantado y colocado en el hueco de la pilastra, y se clavó en su lugar el título que rezaba «Jesús de Nazaret, Rey de los Judíos».

El pie izquierdo fue forzado hacia atrás, contra el derecho. Con ambos pies extendidos, los dedos hacia abajo, le introdujo un clavo a través de cada arco, dejando un poco de holgura en las rodillas. La víctima había sido crucificada.

En la Cruz

A medida que el peso de su cuerpo fue cayendo sobre las muñecas clavadas, sintió en dedos y brazos un dolor insoportable que le explotaba en el cerebro. Los clavos de las muñecas presionaban sobre el nervio medio, gran tronco nervioso que atraviesa la muñeca y la mano. Mientras él intentaba elevarse para evitar este prolongado tormento, descargaba todo su peso sobre el clavo que le atravesaba los pies. Un terrible dolor le abrasaba, pues el clavo le desgarraba los nervios alojados entre los huesos metatarsos de los pies.

En este punto, ocurrió otro fenómeno. Con los brazos fatigados, una gran ola de calambres se extendió por los músculos, anudándose éstos con un dolor profundo, incesante y palpitante. Con los calambres se vio imposibilitado a empujarse hacia arriba. Colgando de los brazos, los músculos pectorales, los grandes músculos del pecho, quedaron paralizados, y los pequeños músculos intercostales no pudieron actuar. Podía entrar aire en los pulmones, pero no salir. Jesús luchó por elevarse para poder siquiera respirar un poco. Finalmente, el nivel de dióxido de carbono aumentó en los pulmones y en el torrente sanguíneo, y los calambres cedieron en parte.

A duras penas logró alzarse para inspirar espasmódicamente un oxígeno vivificante. Fue sin duda en este periodo cuando pronunció las siete breves exclamaciones que quedaron plasmadas.

La primera — mirando a los soldados romanos que echaban suertes por su túnica sin costura: «Padre, perdónalos porque no saben lo que hacen».

La segunda — al ladrón penitente: «De cierto te digo que hoy estarás conmigo en el paraíso».

La tercera — mirando a María, su madre, le dijo: «Mujer, he ahí a tu hijo». Y entonces, volviéndose al aterrorizado y desconsolado joven, Juan, el apóstol amado, le dijo: «He ahí tu madre».

La cuarta exclamación pertenece al principio del Salmo 22: «Dios mío, Dios mío, ¿por qué me has desamparado?».

Jesús sufrió varias horas de dolor ilimitado, ciclos de retorcimiento, calambres y descoyunte de articulaciones, asfixia parcial intermitente y dolor abrasador cuando el tejido de su espalda lacerada se desgarraba con el roce continuo contra el madero. De pronto, comenzó otro suplicio: un dolor aplastante en el pecho cuando el pericardio, el saco que envuelve el corazón, se fue llenando lentamente de suero y empezó a comprimir el corazón.

La profecía anunciada en el Salmo 22:14 estaba siendo cumplida: «He sido derramado como aguas, y todos mis huesos se descoyuntaron; mi corazón fue como cera, derritiéndose en medio de mis entrañas».

El final se aproximaba rápidamente. La pérdida de fluido en los tejidos alcanzó un nivel crítico; el corazón comprimido tenía enorme dificultad para bombear una sangre lenta y espesa hacia los tejidos, y los torturados pulmones hacían un esfuerzo titánico por inhalar ínfimos resuellos de aire. Los tejidos notablemente deshidratados enviaban su flujo de estímulos al cerebro. Jesús jadeó su quinta exclamación: «Tengo sed». El profético Salmo anuncia también: «Como un tiesto se secó mi vigor, y mi lengua se pegó a mi paladar, y me has puesto en el polvo de la muerte» (Salmo 22:15).

Una esponja empapada de posca, vinagre de vino barato, bebida común de los legionarios romanos, fue acercada a los labios de Jesús. Su cuerpo ya agonizaba y él podía palpar el ascenso del escalofrío de la muerte por sus tejidos. Siendo consciente de ello, articuló su sexta palabra, posiblemente poco más que un susurro atormentado: «Todo se ha cumplido». Su misión de expiación se había completado. Finalmente, se dejó morir. Con un último impulso de energía, volvió a apretar sus pies desgarrados contra el clavo, enderezó sus piernas, inspiró por última vez y emitió su última exclamación: «Padre, en tus manos entrego mi espíritu».

El método común para poner fin a una crucifixión era la *crurifractura*, o fractura de los huesos de la pierna. Esto impedía que la víctima se empujara hacia arriba; los músculos del pecho no podían aliviar la tensión, y se producía rápidamente la asfixia. Las piernas de los dos ladrones fueron quebradas, pero cuando los soldados se acercaron a Jesús, comprobaron que esta medida era innecesaria.

Al parecer, para confirmar la muerte, el legionario introdujo su lanza a través de las costillas, hacia el pericardio y el corazón. Juan 19:34 declara: «Y al instante salió sangre y agua». Así pues, se produjo un derrame de fluido acuoso y sangre del saco que envuelve el corazón. Esto era concluyente evidencia post-mortem de que Jesús había muerto, no por asfixia, como en la crucifixión normal, sino por fallo cardiaco debido a la conmoción y constricción del corazón por falta de fluido en el pericardio.

En estos acontecimientos hemos vislumbrado el epítome de la maldad que puede exhibir el hombre hacia sus semejantes y hacia Dios. Es una visión desagradable y es probable que nos sintamos deprimidos y abatidos.

Pero la crucifixión no fue el fin de la historia. ¡Cuán agradecidos podemos estar por sus consecuencias: vislumbrar la infinita misericordia de Dios para con el hombre! — el don de la expiación, el milagro de la resurrección y la expectación de la gloriosa mañana de la Resurrección.

El doctor C. Truman Davis[35] fue oftalmólogo, vicepresidente de la Asociación Estadounidense de Oftalmología, y figura activa en el movimiento de las escuelas cristianas. Fue fundador y presidente de la Trinity Christian School en Mesa, Arizona, y consejero del Grove City College. Escribió este artículo sobre la crucifixión de Cristo desde una perspectiva médica

Bibliografía

Archer, Gleason. *A Survey of Old Testament Introduction.* Moody Press, 1982.

Barnes, Albert. *The Atonement.* Bethany Fellowship (no fechado). Publicado originalmente en 1860 por Lindsay and Blakiston.

Barnes, Albert. *Barnes Notes on the New Testament, II Corinthians.* Baker Book House, 1978.

Bibleworks 8. Programa de estudio bíblico computarizado publicado para Bibleworks LLC. P. O. Box 6158, Norfolk, VA 23508. Incluidos en Bibleworks 8:

Enciclopedia Bíblica International Standard, 1915.

Henry, Matthew. *Comentario de toda la Biblia.* Editorial Unilit, Marzo, 1999.

Bruce, F. F. *The Letters of Paul.* Wm. B. Eerdmans Publishing Co., 1965.

Clarke, Adam. *Clarke's Commentary.* Abingdon Press, primera edición en 1810.

Fretheim, Terence E. *The Suffering of God*. Philadelphia: Fortress Press, 1984.

Harris, Murray. *2 Corinthians, The Expositor's Bible Commentary*, Volume 10. Zondervan, 1976.

Jamieson, Robertm, A. R. Fausset, and David Brown. *Commentary on the Whole Bible*. Zondervan (no fechado).

Keil and Delitzsch. *Comentario al texto hebro del Antiguo Testamento*. Editorial Clie, 2008.

Olson, Gordon C. *The Kingdom of God*. 1993, Revival Theology Promotion, 909 8th Avenue East, Jerome, ID 83338.

Otis, George, Jr. *The God They Never Knew*. Publicado originalmente por Bible Voice Publishers, Van Nuys, CA 91409, 1978. Reimpreso en 1982 por Mott Media Inc., 1000 East Huron Street, Milford, MI 48042. Reimpreso en los EEUU por Lulu.com, 2009. Disponible en *www.lulu.com* y se puede leer en la red en *www.thegodtheyneverknew.com*.

Saia, Michael R. *Understanding the Cross, The Principle of Sacrifice in the Life of Jesus*. Xulon Press, 2007.

Sauer, Erich. *El triunfo del crucificado*. Editorial Portavoz, 1959.

Notas

1. Las referencias bíblicas usadas en este trabajo se mencionan normalmente al final de cada cita, así como la versión de la Biblia utilizada según las siguientes abreviaturas: Nueva Versión Internacional (NVI), La Biblia de las Américas (LBLA). En la mayoría de casos que no se especifica, las referencias pertenecen a la versión Reina Valera 1960.
2. El siguinte resumen del derribo del avión de pasajeros surcoreano se ha tomado del motor de búsqueda *online* Google.

Tipo de avión:

Boeing 747-230B

Trabajos de búsqueda:

Se desplegó un enorme esfuerzo de búsqueda internacional. No obstante, la Unión Soviética asumió el control de la supuesta zona del «derribo», rehusando permitir el acceso a sus aguas jurisdiccionales y acosando gravemente a los equipos de búsqueda y socorro de EEUU y Japón, incluso en aguas internacionales. El número de Aviation Week & Space Technology del 12 de septiembre de 1983 informó: «Unidades navales y aéreas rusas de búsqueda… han impedido a las fuerzas estadounidenses y japonesas el acceso a la zona exacta donde se cree que el aparato 747 se estrelló, aun cuando esa zona queda fuera del límite territorial de 12 millas de la isla Sajalín».

Se supone que el interés de EEUU y Japón de acceder a la zona donde se «estrelló» el aparato suscitó el deseo de los soviéticos de recoger y ocultar (o destruir) la evidencia del «impacto» para ser los primeros en alcanzar las «cajas negras» (las voces y datos registrados durante el vuelo; cajas que, en realidad, son de color naranja). Pero hay otra posibilidad que bien puede explicar su actitud: el deseo de impedir que otros descubrieran que los hechos no se debieran a un accidente aéreo.

Controversia:

Se han escrito muchos libros acerca de este tema. He aquí un resumen de los hechos acaecidos.

El Boeing llegó a Anchorage (Alaska) a las 3:30 hora local después de realizar un vuelo desde Nueva York. A las 5 de la madrugada, el aparato despegó con destino a Seúl. El vuelo fue claramente dirigido hacia la baliza Betel VOR y después hacia la ruta Romeo 20. Sin embargo, el aparato comenzó a desviarse de su ruta prevista y pasó 12 millas al norte de la baliza Betel. Cuando se aproximaba a la península de Kamchatka, se juntaron 6 cazas MiG-23. Dado que un Boeing RC-135 de reconocimiento volaba por la zona, al este de Kamchatka, las fuerzas de defensa soviéticas probablemente pensaron que el eco del radar del B747 era el del RC-135. El aparato 007 de las líneas aéreas de Corea (LAC) abandonó el espacio aéreo ruso sobre el mar de Ojotsk. Y los cazas retornaron a su base. Al pasar por el través de la baliza Nippi (4 horas después de despegar), el aparato se había desviado 185 millas y se dirigía rumbo a Sajalín. Dos cazas soviéticos Sukhoi Su-15 despegaron de la base aérea de Dolinsk-Sokol a las 17:42h UTC (tiempo universal coordinado, por sus siglas en inglés) y 17:54h, respectivamente. A las 18:16h UTC el vuelo 007 volvió a entrar en el espacio aéreo soviético. A las 18:22h el mando soviético ordenó destruir el blanco (por segunda vez). Uno de los cazas lanzó dos misiles aire-aire que alcanzaron al Boeing a las 18:26h. La cabina perdió presión y el aparato tuvo problemas de control, lo que hizo que el Boeing descendiera en espiral y se estrellara contra el mar.

En diciembre de 1983, el estudio más «fidedigno» y más citado del incidente, un informe de la Organización de la Aviación

Civil Internacional (ICAO) concluyó: «Como consecuencia directa del impacto del misil, el LAC 007 se estrelló y se hundió en el mar de Japón, al sudoeste de la isla de Sajalín. No hubo ningún superviviente entre los pasajeros, tripulantes o auxiliares de cabina». El informe de la ICAO, titulado Destrucción de Boeing 747 de las Líneas Aéreas de Corea sobre el mar de Japón, 31 de agosto de 1983, llegó a esta conclusión, a pesar de reconocer que la «ubicación de su precipitación al mar no había sido determinada». El fracaso en hallar restos del «accidente principal» debía haber suscitado la posibilidad de que tal accidente no hubiera existido; pero esa posibilidad no fue seriamente considerada por la ICAO, afiliada de las Naciones Unidas.

Uno de los muchos detalles desconcertantes que suscitan preguntas respecto a qué sucedió realmente al LAC 007 después del ataque es que el reactor permaneciera en el aire como mínimo 12 minutos. En una rueda de prensa celebrada el 1 de septiembre de 1983, el Secretario de Estado George Shultz declaró a los reporteros: «A las 18:26h el piloto soviético informó que había disparado un misil y que el blanco había sido destruido. A las 18:30h el avión surcoreano fue detectado por radar a 5.000 metros de altitud. A las 18:38h el avión surcoreano desapareció de la pantalla de radar».

Hasta la fecha, nadie ha explicado adecuadamente cómo un reactor supuestamente alcanzado por un misil y lanzado fuera de control hacia el mar puede tardar como mínimo 12 minutos en caer desde unos 10.700 metros de altitud. Por comparación, considere el siguiente despacho de la Associated Press publicado por Deseret News (de Salt Lake City) el 20 de febrero de 1985: «Un gran reactor de las líneas aéreas chinas descendió 9.800 metros de altitud en menos de dos minutos el martes [19 de febrero] después que sus cuatro reactores fallaran y que el piloto los volviera a poner en marcha y consiguiera volar 800 kilómetros con una cola dañada antes de lograr hacer un aterrizaje de emergencia en San Francisco, las autoridades informaron… que el Boeing 747… cayó desde una altitud de crucero de 12.500 a 2.750 metros, …dijo un portavoz del aeropuerto internacional de San Francisco». El aparato descendió 9.800 metros en algo menos de dos minutos. Seamos prudentes (atengámonos a una aritmética sencilla) y asumamos que fueron exactamente dos minutos, en cuyo caso la velocidad de caída hubiera sido de 81 metros por segundo. Si el LAC 007 se hubiera precipitado sobre el mar a esa velocidad, su caída se habría producido en dos minutos y 11 segundos, no en 12 minutos.

Es importante notar que su desaparición de la pantalla de radar no significa en absoluto que el LAC 007 se estrellara. Podría haber permanecido en el aire hasta aterrizar o hasta consumir todo su combustible. Newsweek, en su número del 12 de septiembre de 1983, informó que el aparato desapareció en el radar mientras aún estaba a una altitud de 1.524 metros. Y R. W. Johnson afirmó en Shootdown que «desapareció en el radar de Wakkanai a 304 metros de altitud».

En cualquier caso, el LAC 007 permaneció en el aire más de 12 minutos después del ataque, lo que aporta una evidencia casi conclusiva de que la tripulación mantuvo al menos un control parcial del aparato. De no haber sido así, el descenso habría sido mucho más precipitado.

Otro aspecto notable del descenso es que parece que se llevó a cabo según los procedimientos de la normativa estándar para los aparatos que han sufrido pérdida de motor y de presión, pero cuya tripulación aún mantiene el control. Se intenta efectuar una brusca caída inicial (entre 1.220 y 2.130 metros por minuto, dependiendo de las condiciones atmosféricas y los daños estructurales del aparato) para alcanzar rápidamente un nivel donde haya suficiente cantidad de oxígeno y una temperatura más alta. En adelante, la velocidad de caída se reduce, el piloto envía señales de socorro, busca un lugar para aterrizar, da a conocer su posición a posibles rescatadores, etc. Los datos disponibles indican que el capitán del LAC 007 siguió este procedimiento.

3. Muchas de las prácticas idolátricas de las religiones cananeas incluían pecados sexuales (Nm 15:1-18).

4. Keil and Delitzsch, *Comentario al texto hebro del Antiguo Testamento* (Editorial Clie, 2008).

5. Gordon C. Olson, *The Kindness of God* (Revival Theology Promotion, 1993), pp. 81-82.

6. Henry Matthew, *Comentario de toda la Biblia* (Editorial Unilit, 1999).

7. Jamieson, Fausset, and Brown, *Comentario exegético y explicativo de la Biblia* (Casa Baustista de Publicaciones, 2002).

8. George Otis, Jr., *The God They Never Knew*, publicado originalmente por Bible Voice Publishers, Van Nuys, CA 91409, 1978. Reimpreso en 1982 por Mott Media Inc., 1000 East Huron Street, Milford, MI 48042. Reimpreso en los EEUU por Lulu.com | Revisión 4. Disponible en www.lulu.com, y se puede leer en la red en *www.thegodtheyneverknew.com*

9. Albert Barnes, *The Atonement* (Bethany Fellowship, no fechado), p. 228. Originalmente publicado en 1860 por Lindsay & Blakiston. Library of Congress Catalog Card Number 80-65582. ISBN 0-87123-016.

10. Barnes, op. cit, pp. 228-229.

11. Diccionario Webster, 1828.

12. La siguiente información se ha tomado de Gleason Archer, *A Survey of Old Testament Introduction* (Moody Press, 1982), pp. 54-56.

Capítulo 4
Baja crítica del Antiguo Testamento

La ciencia de la baja crítica (o crítica textual) se ocupa de restaurar el texto original sobre la base de las copias imperfectas que se han conservado. Intenta examinar minuciosamente la evidencia proporcionada por las distintas variantes, o lecturas, cuyos manuscritos preservados disienten entre sí, y mediante el uso de un sistema científico, llegar con la máxima probabilidad a las palabras usadas por el autor original.

Tipos de errores manuscritos

Es un hecho bien conocido que ciertos errores típicos propendían a acompañar la copia de cualquier documento escrito. A veces los copistas cambiaban una palabra original por otra de sonido similar; o inadvertidamente escribían la misma palabra dos veces; o trastocaban el orden de las letras. La lista de tipos de error es ciertamente muy larga. Normalmente se detectan por el propio contexto, y el lector inteligente puede fácilmente adivinar lo que el copista quiso escribir realmente.

Pero hay algunos tipos de inadvertencias de los escribas que se pueden explicar de algunas de las maneras siguientes, y es necesario observar algún método o sistema estándar para llegar a descubrir probablemente la palabra o expresión usada en el original. En la transmisión o copia de los textos sagrados que componen las Escrituras se han colado los mismos tipos de fallos de los escribas que aparecen en las obras seculares. Como ya hemos sugerido, haría falta nada menos que un milagro para hacer posible una copia infalible de un original infalible. Dios no ha creído conveniente hacer tales milagros en tanto las Escrituras se fueron transmitiendo copia a copia desde los tiempos de su composición original hasta la invención de la imprenta. No hay razón particular por la que él debiera haberlo hecho. Por lo tanto, tenemos que lidiar con los problemas que presentan los errores de transmisión y resolverlos de la manera más objetiva y sistemática posible. En esto, pues, consiste la especial tarea de la baja crítica (o crítica textual).

En primer lugar es necesario analizar los tipos de error que los copistas eran propensos a cometer, y observar los contextos en los cuales tales errores ocurrían con mayor probabilidad. Esta es una preparación necesaria antes de proceder a su corrección. Algunas de las clases más comunes de error se mencionan más adelante como ilustración y se han tomado en su mayor parte del Primer Rollo de Isaías del Qumran (1QIsa).

SE MENCIONAN Y SE DESCRIBEN DIEZ TIPOS DE ERROR. INCLUIMOS EL NÚMERO 4, QUE CONCIERNE A AZAZEL. Hemos añadido alguna explicación de las abreviaturas.

> 4. Fusión- la combinación de dos palabras para formar otra. Wurthwein cita Amós 6:12 donde BBQRY M (con bueyes) probablemente representa en el original BBQR Y M (con bueyes el mar – es decir, ¿arará alguno el mar con bueyes?) Rypins cita Isaías 3:15 MLKM (según el texto consonántico de MT (el Texto Masorético), que significaría «su rey»; pero el contexto requiere (y los masoretas rectifican) MH LKM (¿qué te pasa?). A este respecto, note que Jerónimo,

siguiendo la interpretación de la LXX (Septuaginta, traducción al griego del Antiguo Testamento hebreo), entendió el término L'Z'ZL (Azazel), en Levítico 16:8, como una fusión de L'Z 'ZL (el envío de una cabra al desierto, lo cual, ciertamente, tiene bastante sentido en el contexto, y elimina un nombre propio fastidioso, Azazel, por lo demás, desconocido en los tiempos pre-cristianos).

13. En mi opinión, los dos libros que mejor explican la expiación son los de: Gordon C. Olson, *The Kindness of God* (Revival Theology Promotion, 1993), y Michael R. Saia, *Understanding the Cross, The Principle of Sacrifice in the Life of Jesus* (Xulon Press, 2007).

14. Albert Barnes, op. cit., pp. 228-229.

15. *Enciclopedia de la Biblia International Standard*, de Bibleworks 8.

16. La NVI traduce aquí la palabra griega sarx como «naturaleza pecaminosa», pero yo disiento con esta traducción. Significa «carne». Pero el versículo concuerda en que Jesús fue una «ofrenda por el pecado».

17. F. F. Bruce, *The Letters of Paul* (Wm. B. Eerdmans Publishing Co., 1965), p. 137.

18. Adam Clarke, *Clarke's Commentary*, vol. 3 (Abingdon Press, primera edición en 1810), p. 338.

19. Este es el punto de vista que se me enseñó.

20. Murray J. Harris, *2 Corinthians*, *The Expositor's Bible Commentary*, vol. 10 (Zondervan, 1976), p. 354.

21. Sauer está aquí equivocado. La palabra significa pecado, y el contexto puede implicar castigo por el pecado.

22. Erich Sauer, *El triunfo del crucificado* (Editorial portavoz, 1959).

23. Nigel Turner, *Christian Words* (Thomas Nelson and Sons, 1981), p. 413.

24. Dios no trató a Jesús como pecador, pero los dirigentes judíos y los romanos sí lo hicieron, de manera que podemos asegurar con propiedad que el hombre trató a Jesús como a un pecador,

y podemos afirmar que Jesús sufrió como si hubiera sido un pecador, pero él no lo fue, considerando el testimonio de la Biblia, y entendiéndolo correctamente, tanto Jesús como su Padre sufrieron intensamente a través de todo el proceso de la expiación.

25. Albert Barnes, *Barnes Notes on the New Testament, II Corinthians*, (Baker Book House, 1978), pp. 123-124.

26. Clarke, op. cit., pp. 338-339.

27. Barnes, op. cit., pp. 226-238.

28. Buena parte de la predicación moderna «considera a Jesús como golpeado por Dios», pero este concepto procede de la teología, no de la Escritura.

29. C. Truman Davis, *La crucifixión de Jesús, reimpreso de Arizona Medicine* (Universidad de Arizona, 1965).

30. Matthew Henry, op. cit.

31. *Enciclopedia de la Biblia International Standard*, de Bibleworks 8.

32. Diccionario Webster de 1828, edición *online*.

33. Webster, op. cit.

34. Hemos cambiado el nombre del amigo de Gary para proteger su identidad.

35. El Dr. Davis ya ha fallecido. Su viuda nos ha concedido amablemente permiso para usar su trabajo.